to Merlin [illegible]

with best wishes

from

Davor Bary

Santa Barbara

20 January 85

David Bary

NUEVOS ESTUDIOS SOBRE HUIDOBRO Y LARREA

PRE-TEXTOS

Diseño sobrecubierta: Ramón Gaya y M. Ramírez

Luis Santángel, 10
Valencia (5)

IMPRESO EN ESPAÑA, PRINTED IN SPAIN
ISBN: 84-85081-59-5
DEPÓSITO LEGAL: V. 1.139 - 1984
ARTES GRÁFICAS SOLER, S. A. - LA OLIVERETA, 28 - VALENCIA (18) - 1984

Para Lloyd

INDICE

Advertencia preliminar

Reúno bajo el título Nuevos estudios sobre Huidobro y Larrea *aquellas páginas que no están incluidas en mis dos libros anteriores dedicados a estos poetas:* Huidobro, o la vocación poética *(Granada, Universidad de Granada y CSIC, 1963),* Larrea: poesía y transfiguración *(Planeta - Universidad Complutense, 1976). Como verá el lector, la mayoría de los capítulos están estrechamente vinculados, al punto de formar un conjunto orgánico.*

El primer capítulo —y el más largo— es enteramente inédito; otros, que se publicaron en inglés, lo son ahora en lengua española. Los demás aparecen aquí en forma revisada y puestos al día. En forma preliminar, y a veces con otros títulos, varios capítulos aparecieron en Cuadernos Americanos *(julio-agosto 1968, pp. 197-214, cap. VIII);* Cuadernos Hispano-americanos *números 322-323, abril-mayo 1977, pp. 169-182; cap. VII);* Hispanic Review *(Summer, 1980, pp. 335-339, y Autumn, 1979, pp. 425-440, caps. IX y V);* Insula *(febrero de 1971 y junio de 1976, caps. IV y VI);* Revista Iberoamericana *(núms. 102-103, 1978, y 106-107, 1979, caps. II y III). El capítulo X aparece en el* Homenaje a José Rubia Barcia, *que publica la Universidad de Nebraska. A los directores de dichas publicaciones expreso aquí mi más sincero agradecimiento.*

Santa Bárbara, 15 de julio de 1981.

ABREVIATURAS

AV: *Aula Vallejo,* revista dirigida por Juan Larrea y publicada por la Universidad Nacional de Córdoba, Argentina.

Bary, 1963: David Bary, *Huidobro o la vocación poética* (Universidad de Granada y CSIC, 1963).

Bary, 1976: David Bary, *Larrea: poesía y transfiguración* (Planeta - Universidad Complutense, 1976).

CA: *Cuadernos Americanos* (México).

EAC: César Vallejo, *España, aparta de mí este cáliz,* en la edición que sea.

Favorables: *Favorables París Poema,* revista publicada en París en 1926, junio y octubre, por Juan Larrea y César Vallejo.

Hey: Nicholas Hey, *Bibliografía de y sobre Vicente Huidobro,* RI, núm. 91, abril-junio de 1975, pp. 293-353.

OC: Vicente Huidobro, *Obras completas* (Santiago, Zig Zag, 1964).

OPC: César Vallejo, *Obras Poéticas Completas* (Lima, Francisco Moncloa Editores, 1968).

RI: *Revista Iberoamericana.*

VC: Juan Larrea, *Versión celeste* (Barcelona, Barral Editores, 1970).

VHV: Juan Larrea: *Vicente Huidobro en vanguardia,* RI, números 106-107, enero-junio de 1979, pp. 213-273.

Capítulo I

HUIDOBRO Y LARREA: RELACIONES PERSONALES E INTELECTUALES

Durante muchos años Juan Larrea fue, con su compañero Gerardo Diego, uno de los amigos y discípulos más fieles de Vicente Huidobro. Con el tiempo, y sobre todo después de la muerte de Huidobro, Larrea hubo de convertirse en el crítico más perspicaz y más profundo de la obra y de la vida del poeta chileno. En lo que sigue nos dedicaremos a resumir y valorar estos dos aspectos, el personal y el intelectual, de las relaciones entre los dos escritores.

En 1919 Larrea tuvo su primer encuentro con la poesía de Huidobro, gracias a la intervención de Gerardo Diego. El efecto fue fulminante. El conocimiento de un par de los *Poemas árticos* le reveló al joven bilbaíno la posibilidad de la liberación no sólo literaria sino cultural y personal. Empezó de golpe a escribir de una manera nueva y a entrever la esperanza de vivir de un modo hasta entonces insospechado, libre de las trabas de una cultura rezagada e inflexible.[1]

En 1921 Diego y Larrea conocen personalmente a Huidobro, con quien Gerardo ya había establecido relaciones epistolares, en el Ateneo de Madrid. Ante la indiferencia e incomprensión de los más del auditorio, leyó Huidobro su conferencia «La poesía», documento en el que hacía eco de la doctrina mallarmeana de la palabra poética como lenguaje del paraíso y del juicio final. Huidobro profundizó su enseñanza de esta tradición poética en las conversaciones particulares que sostuvieron con él sus nuevos discípulos durante esta visita a Madrid. Desde entonces se estrecharon las relaciones epistolares entre Huidobro y los dos jóvenes españoles. Larrea, por su parte, le envió a solicitud de Huidobro alguno de sus nuevos poemas, que fue recibido por el chileno de manera muy favorable.[2]

La amistad y el aprecio de alguien que estimaba como persona y cuya poesía y poética le producían el mayor entusiasmo, fue la influencia decisiva en esa época de la vida de Juan Larrea. En 1923, invitado por Huidobro, conoció a varias personalidades de relieve en los medios artísticos de París, tres de los cuales, Juan Gris, Tristan Tzara y Jacques Lipchitz, se convertirían en buenos amigos. En 1924 Huidobro le publicó en *Création* el poema «Paysage involontaire», que ya para entonces, bajo el estímulo del ejemplo de Huidobro, había adoptado Larrea el francés como lengua poética, y ya tenía el proyecto, abandonado luego, de publicar en dicha lengua un poemario titulado *Chanson meublée.*[3]

Que Huidobro, por su parte, también apreciaba a sus dos discípulos españoles lo sabemos por el testimonio de su artículo «Espagne», publicado en noviembre de 1923, donde destaca «parmi les plus jeunes les deux poètes créacionistes JUAN LARREA et GERARDO DIEGO, deux grands poètes dans n'importe quel pays de la terre».[4]

Gracias a un encuentro callejero con algunos ultraístas supo Larrea por casualidad en el otoño de 1923 que Guillermo de Torre estaba escribiendo contra Huidobro el ataque que vería la luz en su *Literaturas europeas de vanguardia* (1925). Se lo refirió a Huidobro en la primera carta que le escribió, con el resultado quizá un poco inesperado por parte de Larrea de que Huidobro le mandara a Guillermo de Torre una carta impetuosa, como suya, en la que le amenzaba a éste con ir a Madrid «a darle una vuelta de bofetadas» si en el libro resultaba haber «mentiras y tergiversiones hipócritas de la verdad de los hechos...».[5]

Desde la visita a Huidobro en Francia en 1923 acariciaba Larrea el proyecto de dejar su carrera y de «entrar en poesía» en París. Otra visita a París, esta vez en compañía de Gerardo Diego, en septiembre de 1924, acaba de decidir la cuestión. Vuelve a Madrid dispuesto a marcharse definitivamente. Efectivamente se establece en París en octubre del mismo año, pero la mortal enfermedad de su tía Micaela, la persona a la que más había querido en su niñez y mocedad, determina una vuelta provisional a España. Con la muerte de su tía no queda ningún lazo afectivo que impida su partida definitiva. En febrero de 1926 se vuelve a establecer, esta vez de manera definitiva, en Montparnasse.[6]

Empieza desde entonces una segunda etapa en las relaciones entre Huidobro y Larrea. En febrero de 1926 se encontraba Huidobro en Chile. Había salido de París en marzo de 1925 y sólo volvería a Francia en septiembre de 1926. Durante este lapso empezó a hacerse notar una evolución considerable en su poesía, con el abandono de muchos elementos de lo que había sido su estilo creacionista. Con el escándalo público de sus amores con Ximena se había iniciado un cambio notable en su vida personal. Volvió a París en septiembre de 1926 amenazado de muerte por los familiares de Ximena y seguido, una semana después, de su madre, dispuesta a proteger a su hijo. Se quedó unos meses para liquidar su casa de la *rue* Víctor Massé, y luego se trasladó a Nueva York. Larrea no volvería a ver a Huidobro antes de la primavera de 1928.[7]

En 1924 Larrea era todavía un discípulo de Huidobro que escribía de manera creacionista y creía en las teorías huidobrianas a pies juntillas. Vivía además deslumbrado por la personalidad de su amigo y mentor. Para 1928 las cosas habían cambiado, tanto en lo personal como en lo poético. Larrea seguía siendo muy amigo de Huidobro y seguía creyendo, por lo menos en sus líneas fundamentales, en sus teorías poéticas. Pero el episodio del famoso rapto de 1924, seguido del abandono de su mujer y sus hijos, había contribuido a minar ante Larrea su prestigio personal. Lo veía ahora como un entrañable amigo, pero con todas sus faltas y debilidades, que para él no eran pocas.[8]

Por evolución natural Larrea había empezado, a partir de 1925, a formar un estilo poético personal en el que ya no se notaba una semejanza tan clara como antes con el estilo huidobriano. La nueva poesía de Huidobro de hacia 1925-26 tampoco le había gustado. Se sintió escandalizado por la lectura de *Pasión, pasión y muerte,* publicado en Santiago en Semana Santa de 1926, no sólo por su contenido, sino por su tono y su estilo tan distintos de los de sus poemas anteriores. Cuando a su solicitud de poema inédito para *Favorables París Poema* Huidobro le dio en septiembre de 1926 el poema «Venus», luego incorporado al canto IV de *Altazor,* Larrea lo publicó en octubre, en el segundo y último número de la pequeña revista, pero no sin creer, como lo confesó años después en una carta, que dicho texto era de estilo «periodístico».[9]

Mencionar la revista *Favorables* nos lleva a otro motivo importante del cambio de actitud en Larrea: su amistad y colaboración con César Vallejo. Había conocido a Vallejo en 1924, en casa de Huidobro, cierto es; pero los dos sudamericanos no eran, ni llegaron a ser nunca, verdaderos amigos, sino más bien conocidos, existiendo entre los dos grandes diferencias, no sólo nacionales y de clase social, cino de reacciones íntimas, por así decirlo viscerales, ante el mundo. Aunque muy amigo de Huidobro, Larrea congenió de inmediato con Vallejo, encontrando en él una humanidad ingenua y tierna que nunca había conocido ni vislumbrado en Europa, y que distaba de parecerse al carácter egocéntrico de Huidobro. La poética del Vallejo de entonces, mucho menos cerebral que la de Huidobro, hacía hincapié en la emoción, cosa que casaba bien con el giro que iba tomando la poesía de Larrea en busca de estilo propio.[10]

Larrea veía con frecuencia a Vallejo y sus amigos sudamericanos de Montparnasse durante su primera temporada de vida parisiense (octubre-diciembre de 1924); luego estuvieron juntos en Madrid, en octubre de 1925. Hablaron de poesía y de la posibilidad de fundar en París una revista de compromiso poético.

Con la vuelta a París de Larrea, en febrero de 1926, se reanudan las relaciones entre Vallejo y Larrea, y se realiza el proyecto de revista con la publicación, en julio y octubre, de los dos números de *Favorables.* Entre los colaboradores es aplastante el predominio, con excepción de Vallejo, de los nombres de amigos y discípulos de Huidobro, a pesar de que las colaboraciones personales de Larrea y Vallejo acusaban preocupaciones y anhelos no huidobrianos. Pero en el segundo número se nota otra excepción al predominio huidobriano: la publicación de un trozo de *Tentativa del hombre infinito,* de Pablo Neruda, entonces desconocido en Europa. Su presencia es una de las primeras indicaciones de la nueva independencia de criterio de Larrea; pero demuestra al mismo tiempo que los vínculos entre Huidobro y Larrea seguían siendo muy estrechos.

Al volver a París, en septiembre de 1926, Huidobro había traído un ejemplar del libro de Neruda. Larrea lo encontró tirado en una mesa de la casa del chileno; lo empezó a hojear y quedó impresionado con los poderes de expresión del autor. Habló del libro a Huidobro, preguntando por Neruda, pero Huidobro le dijo que lo dejara, que se trataba de un autor romántico y sin interés. A pesar del consejo de Huidobro, Larrea publicó el trozo que sabemos. Así es que Neruda apareció en Europa por primera vez en letras de molde gracias a Larrea, pero también gracias a Huidobro, aunque contra su criterio.[11]

Cuando vuelve Huidobro a París, en la primavera de 1928, acompañado de Ximena, ve con frecuencia a Larrea, leyéndole trozos de las obras que preparaba, entre otras, *Altazor,* que tal era el nuevo título de la obra que al parecer había empezado llamándose *Voyage en parachute* para tomar luego como título el primer nombre mallarmeano de su protagonista, *Altazur.*[12] Cuando en enero de 1929 Larrea conoce a Marguerite Aubry, ésta hace buenas migas con Ximena. Las dos parejas forman parte de un grupo de amigos que incluye entre otras personas a Tristan Tzara, los Lipchitz y varios españoles e hispanoamericanos que viven en París o lo visitan con frecuencia. En julio de ese año los Huidobro sirven de testigos en la boda de los Larrea, y las dos parejas, en compañía de Tzara, Eugenio Montes y otros, festejan luego el 14 de julio con un extraño e improvisado viaje en tren, sugerido después de unas copas por Tristan Tzara, a ver la catedral de Chartres. La intimidad de aquellos días se traduce en el *pneumático* que reprodujo Larrea en 1979:

> Hoy viernes 5 (abril 1929).
>
> Querido Juan. Te espero esta tarde a las 7 para que vengas a comer a casa pues hoy es San Vicente Huidobro. Trae algu-

nos poemas que leerás en honor de este gran Santo —El Angel del Apocalipsis.
Saludos. V. Huidobro.[13]

Larrea se ausenta de París año y medio, entre enero de 1930 y fines del verano de 1931. Vuelve enfermo y muy cambiado en su punto de vista después del contacto con las alturas del Perú. Pronto dejará de escribir versos para meterse de lleno en sus estudios de arqueología precolombina. Durante un año más mantiene con los Huidobro las relaciones más o menos en el plan anterior. Siguen siendo buenos amigos a pesar de que Larrea no comparte todo el entusiasmo que ahora siente Huidobro por el comunismo, y de que le parece una superchería la fecha de 1919 que manda estampar Huidobro en la versión definitiva (1931) de *Altazor.* En octubre de 1932 se despide Larrea de un Huidobro vestido de pana obrera que sale para Chile en un viaje acaso más definitivo de lo que él mismo esperaba.[14]

Desde entonces las relaciones entre Huidobro y Larrea, siempre cordiales, volvieron al plano epistolar, en el cual, aunque de continente en continente, o de país en país, se trataron con gran intimidad, confianza y lealtad. Los ejemplos más destacados de esta correspondencia empiezan con el episodio del *Homenaje a Pablo Neruda,* que se publicó en Madrid en 1935.

Como es sabido, Neruda empezó a gestionar dicho homenaje como *desagravio;* iba dirigido contra Huidobro, entonces en Chile, echándole la culpa de las malas relaciones que exitían entre los dos chilenos. Con la maña que le caracterizaba, Neruda había conseguido para su desagravio las firmas de muchos poetas españoles; pero Gerardo Diego y Juan Larrea, como amigos de Huidobro, se negaron a firmarlo. Entonces Neruda cambió su desagravio en homenaje, suprimiendo toda referencia a Huidobro. En estas condiciones Diego lo firmó; pero Larrea no quiso, pareciéndole que lo del desagravio había sido un truco para conseguir las firmas del homenaje, el cual era, según él, el verdadero plan desde el principio. Se lo contó todo por carta a Huidobro, quien le contestó con otra suya muy característica sobre Neruda, que cité en parte en mi libro sobre Huidobro.[15]

Mencionaremos también el episodio del Congreso de Escritores de 1937, organizado en París por la *Association Internationale des Ecrivans pour la Défense de la Culture* y celebrado, en apoyo de la República Española, en Valencia y Madrid. Las malas relaciones entre Huidobro y Pablo de Rokha, por una parte, y Neruda, por otra, había dividido los grupos chilenos de izquierda y, en juicio de los organizadores, amenazaba la unidad del Congreso. Los cuales, impulsados por Tristan Tzara y Larrea, mandaron dos copias de una carta idéntica a Neruda y a Huidobro, pidiéndoles que dejaran sus diferencias en nombre de la causa común. Larrea se encargó de hacerle llegar su copia a Huidobro, conservando la copia que luego reprodujo.[16]

Terminaremos este resumen de lo que conocemos de la correspondencia entre Huidobro y Larrea con dos ejemplos más. El primero es el del poema «Edad negra», obra de Huidobro, publicado por Larrea en *Cuadernos Americanos* en 1944 y elogiado, al parecer, por Juan Ramón Jiménez, con quien se había indispuesto Huidobro en uno de sus primeros viajes a Madrid, sin haber desde entonces mostrado ningún interés en Huidobro ni en su obra. Al recibir esta noticia, Larrea se lo comunicó en seguida por carta a Huidobro, creyendo que le gustaría por inesperada. Cuando en la *Antología* de Huidobro, publicada el año siguiente, salió este poema como inédito y fuera de lugar, como una especie de postscriptum, Larrea creyó, como explicó por escrito en dos ocasiones, que su publicación en tal lugar se debía a la noticia que le había comunicado Larrea, y que la extraña mención del poema como inédito era otro ejemplo de las conocidas debilidades personales del autor.[17]

El ejemplo final es significativo para entender la trayectoria poética de Huidobro, así como para mostrar el grado de intimidad que existía todavía entre los dos poetas poco antes de la muerte de Huidobro. Se trata de la carta de 24 de septiembre de 1947, especie de última voluntad poética y personal, en la que Huidobro caracteriza a su propia poesía, o a la de su época, como cadáver, pero no sin profetizar que la poesía volverá a nacer, y con ella, el mundo y los hombres. Este documento, de excepcional interés, fue citado en mi libro de 1963, y Larrea mismo lo volvió a citar en «Vicente Huidobro en vanguardia».[18]

Hemos distinguido dos épocas en las relaciones entre Huidobro y Larrea, en la primera de las cuales este último hacía el papel de discípulo y admiraba sin condiciones a su mentor; en la segunda etapa, las relaciones entre los dos poetas son más bien las de dos viejos amigos que se quieren y se respetan pero entre quienes existen algunas diferencias de criterio, tanto en lo personal como en el dominio intelectual. Este conocimiento íntimo y profundo, pero a la larga algo distanciado, que poseía Larrea de la vida y de la obra y pensamiento de Huidobro le permitió, ayudado de su extraordinaria imaginación poética, de su experiencia personal de lo que es poesía y de lo que fue la poesía de vanguardia de este siglo, y de su vasta erudición en múltiples campos de la experiencia cultural humana, convertirse en el crítico más agudo de la obra y carrera de Vicente Huidobro.

Lo hizo casi sin proponérselo, un poco al «azar», ese «azar» tan frecuente en momentos que luego han resultado ser importantes en su vida.

En 1932 Larrea deja de escribir versos para dedicarse de modo poético al estudio de varios campos de historia cultural, actividad para la cual sus habituales lecturas salteadas y su carrera de archivero, bibliotecario y arqueólogo le habían dado una excelente preparación.[19] No pensaba dedicarse a la crítica de artistas individuales, porque entre éstos le interesaban únicamente los poetas, pintores y escultores «de altura» —la frase es suya—, y estos mismos artistas de altura le llamaban la atención no tanto como artistas, sino como portavoces, en su juicio, de la historia del inconsciente colectivo. (Digo inconsciente colectivo para no alarmar a lectores desprevenidos que no conozcan las ideas larreanas sobre el papel de una especie de Verbo que se expresa a través de la historia cultural.) [20]

Su interés en la cultura como fenómeno cuyo significado total rebasa los límites de las conciencias individuales le llevaba naturalmente a la creación de obras como *Rendición de espíritu* (1943) y *El surrealismo entre viejo y nuevo mundo* (1944), en las que las obras y los artistas individuales son algo así como sílabas y voces, a lo sumo oraciones fragmentarias, de un lenguaje colectivo y transpersonal. Pero a pesar de esta tendencia, o quizá dentro de ella, las circunstancias personales e históricas, así como la ejemplaridad que él veía en las obras y en las vidas de ciertos artistas, le llevaron a dedicarse de manera señalada a estos individuos.

El caso más obvio es el de César Vallejo, como lo atestigua una extensa bibliografía, en parte muy conocida.[21] Otro ejemplo conocido es el de Picasso, sobre todo con relación al extraordinario texto *La visión de Guernica,* conocido durante muchos años en inglés y francés pero ahora accesible también en su lengua original.[22] Pareja importancia, aunque menos celebridad, tiene su excelente «Carta abierta a Jacques Lipchitz» (1954), dedicada a las obras de madurez del que fue toda la vida entrañable amigo de Larrea.[23] Otros textos muy logrados versan sobre Joan Miró, Federico García Lorca, Emilio Prados y William Blake; pero éstos, aunque muy relacionados con las preocupaciones del autor, son textos aislados y esporádicos, por lo menos si se les compara con las obras dedicadas a Vallejo, a Picasso, a Pablo Neruda, y de modo especial a Rubén Darío, admirado maestro de Vallejo y de Huidobro y tema predilecto de Larrea.[24]

Con referencia a Huidobro se portó Larrea de manera casi única, escribiendo sobre él uno de sus primeros textos de crítica, y el primero dedicado a un solo autor, seguido de largos años de silencio, para volver entonces a ocuparse de su antiguo mentor desde otro punto de vista. El primer texto se publicó por primera y única vez, si no me equivoco, en una sección de elogios del autor titulado «A manera de prólogo», que precede al texto de *Vientos contrarios,* libro publicado por Huidobro en Santiago en 1926. Esta sección del libro se compone de extractos de textos de autores franceses, españoles, hispanoamericanos y otros, incluyendo un polaco y un ruso. En algunos casos se trata de textos publicados anteriormente, con indicación de su procedencia. En otros casos no se indica la procedencia del texto; así pasa con el de Larrea, el cual nunca me habló del asunto, que no mencioné en la bilbiografía de mi libro sobre Larrea. Me acuerdo de haberlo leído hace años, pero me había olvidado por completo de su existencia al encontrarlo por casualidad hace poco cuando por otro motivo consulté la primera edición de *Vientos contrarios*. Lo más probable parece ser que lo escribiera Larrea a petición de Huidobro y precisamente para su publicación en este libro, que por cierto no era del agrado de Larrea cuando lo leyó. No sé dónde se haya podido publicar antes.

En estas páginas Larrea distingue entre el Huidobro poeta, autor de versos como «Un pájaro que cantaba olvidado de sí mismo», y el Huidobro teórico de los *Manifiestes*. Elogia a los dos, pero prefiere al poeta. Pondera sobre todo los dos últimos libros de versos de Huidobro, *Automne Régulier* y *Tout à coup*. El tono y los temas del trozo lo sitúan en la primera época de las relaciones entre los dos poetas, la de maestro y discípulo.[25]

Tras esto, largos años de silencio con relación a Huidobro, silencio roto luego, en 1943, por un Larrea transformado en sus perspectivas por los años y las experiencias. Ya ha empezado a expresar, en artículos y libros, su mito de la mutación de la cultura occidental, ya superada, en cultura planetaria enfocada en América. En uno de los primeros libros de su nueva etapa, *El surrealismo entre viejo y nuevo mundo,* publicado en México, presenta a Huidobro como continuador del aspecto apocalíptico de Rubén Darío, voz de América y profeta de una nueva cultura destinada a evolucionar más allá de las catástrofes de este siglo.[26]

La mención y valoración de Huidobro en este libro es importante, porque hará eco en sus estudios posteriores, pero es breve. Los primeros textos de alguna extensión en la nueva época datan de 1953 y 1954.

Se trata de unas cartas que me dirigió desde Nueva York para contestar, con un lujo de detalles y precisiones, y en un estilo más para publicado que para confidencia personal, mis preguntas sobre la vida y la obra de Huidobro. Me había puesto en contacto con Larrea desde Madrid gracias al consejo de Gerardo Diego. La primera de estas cartas (1 de febrero de 1953) está llena de nombres y direcciones de amigos y conocidos de Huidobro, pero también tiene un párrafo sobre el temperamento impetuoso de Huidobro, que cité en mi libro. La segunda carta, de 13 de septiembre de aquel año, también se dedica en parte a materia informativa, pero ahora los párrafos como ensayísticos sobre el significado de la obra huidobriana son más numerosos. Cité parte de un párrafo sobre la influencia en Europa y en América del entusiasmo juvenil, de cepa americana, de Huidobro. En el resto del párrafo Larrea puntualiza de esta manera la influencia poética de Huidobro:

> Federico García Lorca, por ejemplo, no hubiera podido ser nunca lo que fue sin el fermento libertario de novedad y de culto a la imagen que imprimió Vicente a la poesía española de vanguardia. Por mi parte me complazco en reconocer que en la trayectoria de mi evolución Vicente fue elemento indispensable, como lo confesará Gerardo Diego. Etc., etc. En Hispanoamérica también ejerció Vicente influencia positiva aunque muchos se esfuercen en desconocerla. ¿No fue acaso ultraísta el primer movimiento novedoso de la Argentina? Y nada se diga de Chile. ¿De qué año es *Tentativa del hombre infinito?*

Tras este párrafo, de por sí interesante para los amigos de Huidobro, Larrea cierra la carta, que me mandó a California después que le visité en su casa de Manhattan, con un exordio largo y nutrido que prefigura de manera sorprendente los puntos esenciales de gran parte de la crítica que había de dedicar posteriormente a la figura de Vicente Huidobro. Por su excepcional importancia merece citarse por entero:

> Creo que la figura de Huidobro, cuando se comprenda el porqué y se delimite el campo de sus superficialidades y salidas de tono, poniendo cada cosa en su punto, está llamada a crecer sensiblemente. Todavía nos encontramos en un período de grave confusión de valores, de nerudismo romántico y ciego, romántico en el campo de la política lo mismo que en el de la poesía —sin que esto sea desconocer el valor de Neruda, cuyo lirismo invertebrado y turbio, pero poderoso y acribillado de fulgores fui, según le expuse, el primero en apreciar en Europa—. Sin embargo, el camino que hacia el sujeto universal entreabrió Vicente en un principio con su poesía de intención cósmicamente objetivo, y probablemente sin darse mucha cuenta, despertará resonancias sinceras cuando su hora llegue. Las ambiciones substanciales de su poesía, según constan en sus manifiestos estéticos, y su afán de claridad orgánica y de

> precisión imaginativa, adquirido al contacto del cubismo de Gris, no pueden menos de dar fruto. Y sobre todo, su afirmación básica de que la razón verdadera del poeta es el acto de creación y que sobre ella descansa el peso de la poesía, es cosa que, por mucho que se empeñen los poetas de pujos sentimentales, nunca podrá ser olvidada. Tras las extraordinarias promesas creadoras del primer cuarto de este siglo, todas las artes se encuentran hoy día, como el hombre, en crisis profunda. Se dispone de un principio de lenguaje nuevo, mas no se sabe qué decir. Pero cambiarán las cosas.

Aquí vemos ciertos temas fundamentales de la crítica larreana de Huidobro: que a pesar de sus debilidades personales, Huidobro es un poeta de auténtica importancia, destinado a ser reconocido como tal; que su importancia será a la larga mayor que la de Neruda y de otros muchos; que Huidobro mismo no se daba cuenta del verdadero significado de su obra y de sus teorías; que este significado es la búsqueda de lo que llama Larrea en esta carta «el sujeto universal», y del lenguaje adecuado para expresarlo.

Los que han frecuentado la obra de Larrea reconocerán en este «sujeto universal» el concepto de una conciencia humana distinta de la de la época de Huidobro, conciencia no individual, sino transpersonal, viniendo así a ser una superación del nivel egocéntrico de un Unamuno o del personaje Altazor, atormentados existencialmente por la inevitabilidad de su muerte individual. La destrucción del lenguaje tradicional que caracteriza a la poesía de vanguardia apuntaba, según Larrea, a la disgregación de la conciencia humana tradicional. Huidobro, el prototipo del poeta de vanguardia, sólo «entreabrió» el camino hacia el sujeto universal porque no podía aceptar, como no lo podía aceptar Breton, la muerte de su yo idolatrado. No entendía bien para qué serviría el lenguaje nuevo que pugnaba por crear.

En esta carta Larrea no menciona a *Altazor,* pero es evidente que sus palabras se aplican de modo particular a dicho poema. Esta idea se ve confirmada en la próxima carta que me mandó, fechada en Nueva York el 17 de enero de 1954. Escrita en un principio para contestar unas preguntas mías sobre *Altazor,* se convirtió en un verdadero ensayo que reproduje con comentarios en

1978 y que ahora se lee en el segundo capítulo de este libro. Constituye uno de los dos textos más importantes que escribiera Larrea sobre Vicente Huidobro.

Aquí se amplifican y puntualizan las ideas expuestas en la carta anterior. Como verá el lector, esta carta empieza exponiendo en detalle algunas suposiciones larreanas sobre las posibles debilidades personales de Huidobro, puntos que necesitaban ventilarse para que se pudiera proceder a un examen sereno de la importancia de sus ambiciones y de sus logros poéticos. Luego pasa a emitir su juicio sobre la sustancia poética de *Altazor,* que es para él un texto apocalíptico, como *Ecuatorial,* que apunta *negativamente* a una nueva conciencia transpersonal. Por consiguiente, y sin entender personalmente por qué, Huidobro se revela como un poeta de excepcional importancia en la historia cultural de nuestro siglo. Este texto formará la base de los comentarios posteriores que hará Larrea sobre su viejo amigo y mentor. Desde este momento cree entender definitivamente, y sin obstáculos personales, el verdadero sentido no sólo de la obra de Huidobro, sino de algunas de sus características difíciles de aceptar desde el punto de vista de la moral tradicional o de los buenos modales; lo considera, desde entonces, como un fenómeno poético-cultural de singular trascendencia.

Entre todas las ideas sobre Huidobro que expresa Larrea en su carta de 1954 se destacan dos conceptos básicos que se encuentran en relación simbiótica, el de Huidobro como poeta de temática apocalíptica y el del chileno como buscador de un lenguaje supremo, absoluto. El primero sitúa a Huidobro, según lo había sugerido rápidamente en 1943 en su *Surrealismo entre viejo y nuevo mundo,* entre el Darío apocalíptico de no pocos poemas y de las *Dilucidaciones* y toda la poesía vanguardista posterior, comenzando con el ultraísmo, cuyo mismo nombre se inscribe de lleno en aquella tradición. Después de la carta de 1954, empezará a afirmar que Vallejo y Huidobro son los únicos discípulos hispanoamericanos del que considera el Darío esencial, con el que él mismo también se siente solidario. El segundo concepto, el del lenguaje absoluto, que menciona por primera vez en esta carta, revela a Huidobro en la línea de Rimbaud, Mallarmé y Apollinaire, sobre todo Mallarmé, tema que desarrollará ampliamente en lo sucesivo.

Empieza a hacerlo en el verano de 1954 en su interesante *Carta abierta a Jacques Lipchitz,* que sólo conozco en su traducción al inglés. En este texto elogia a su amigo por no haber olvidado nunca que la única gran justificación del arte contemporáneo, al romper las formas tradicionales, es el deseo de descubrir un lenguaje diferente. Cita en este contexto el deseo de Rimbaud de «descubrir un lenguaje», y la afirmación de Mallarmé de que «falta el lenguaje supremo». Subraya luego la sustancia religiosa del verbo deseado. Es un fenómeno que se observa lo mismo en la literatura que en las artes plásticas; la trayectoria de Lipchitz es parecida a la de su amigo Huidobro, según explica Larrea en un párrafo esencial:

> When one views the panorama offered by these last three quarters of a century, it seems evident to me that the instinctive search for the supreme, creative *Word,* which extends not only beyond the phonetic but also the figurative languages of the arts in general, is what in reality unconsciously impelled artists to take part in the disarticulating operation on the conventionalized language of their individual media, as a sacrifice, one might even say, to the more authoritative Word of Fundamental Meaning. If the presciences of Rimbaud, with their memorable «disorder of all the senses», can be considered definitive in this respect, within our immediate orbit the poem *Altazor* of Vincente Huidobro so patently imitates the same phenomenon as to be beyond all doubt.

En el resto del párrafo la «empresa disasociativa» de Huidobro y de Lipchitz se evoca en términos memorables; para llevarla a cabo

> it was necessary to reduce the eloquence of the neoclassic Renaissance to grammatical elements; to disarrange the components, thus prolonging the tendencies of the Baroque and of Romanticism in this respect; it was necessary to disassemble forms, turn them about, masticate them between the teeth of geometry to force them to give up their intimate secrets, and reveal how certain characters can be freely connected with others

> in search of a more intrinsic, recondite and truly essential current of light. Just as physics is exploring the secrets of the atom, so the literary and plastic arts have decomposed the esthetic species in order to rearrange their materials in all sorts of new combinations and positions. The phenomenon is to a marked degree strange and exciting. One might say that the esthetic mind has operated in a «noosphere» or «cosmotron», contrived by it to penetrate the immanences or selfluminosities of its *raison d'être.*[27]

Hasta aquí la «empresa disasociativa» la tienen en común Lipchitz y Huidobro. Pero los lectores de *Altazor* saben que en este texto la disgregación del lenguaje tradicional llega, como lo dice elocuentemente Larrea en su carta de 1954, a una especie de callejón sin salida. En ese poema no se encuentra el lenguaje deseado, como tampoco se acepta la muerte de la conciencia individualista tradicional. Para Larrea, esta situación atrancada del arte de Huidobro es típica de la situación del arte en el momento de redactar su *Carta abierta...* Como dice en la misma página que acabo de citar, con los nuevos medios expresivos no se tiene nada que decir, como nos hace ver con perfecta claridad, prosigue, el último canto de *Altazor.* Lipchitz, en cambio, ha llegado en su arte postcubista a una expresión nueva de alta sustancia simbólica, cosa que a Huidobro le fue negada. Por esto, Huidobro se caracterizará para Larrea como un artista cuya importancia fundamental es la de un precursor, tema muy repetido en sus escritos posteriores dedicados al chileno.

En 1959, en el Simposium sobre César Vallejo que organizó Larrea en su Universidad Nacional de Córdoba, habló de Huidobro en sus dos ponencias y también en el diálogo de la primera sesión. Insiste en la importancia, dentro de la tradición apocalíptica de Darío, de la llegada y de la influencia en Madrid en 1918 de Huidobro y de su poema *Ecuatorial;* da detalles sobre esta influencia, incluyendo las primeras observaciones que yo conozca sobre la índole de la posible influencia de *Ecuatorial* en Vallejo; ofrece precisiones sobre las relaciones entre Huidobro y Vallejo en París, y vuelve a situar a *Altazor* en la tradición de Rimbaud y Mallarmé y de la búsqueda del verbo absoluto.[28]

Sobre la pelea entre Huidobro y Pablo Neruda escribió Larrea dos textos detallados, adjuntando una serie de pormenores sobre la génesis del *Homenaje a Pablo Neruda* de 1935. El primero, que debió servir de borrador para el otro, es una carta que me dirigió en octubre de 1962 y que se reproduce con algunos cambios de lenguaje como parte de la «Carta a un escritor chileno interesado por la ''Oda a Juan Tarrea'' de Pablo Neruda», sección del libro *Del surrealismo a Machupicchu* (1967). En estos textos Larrea no se pronuncia, por falta de información exacta, sobre la cuestión de si Huidobro verdaderamente sería el autor de los poemas anónimos que según Neruda le había mandado su compatriota. Que yo sepa, estos textos huidobrianos, si existen, no son accesibles a los estudiosos, como lo es, en cambio, el poema difamatorio de Neruda, «Aquí estoy».[29] Pero en sus textos Larrea alude a una carta que le mandó Huidobro sobre el asunto en julio de 1935; con la carta de 1962 me facilitó el texto de Huidobro, de estilo característico e inconfundible. Por el interés que tiene la publico como apéndice de este capítulo.

En 1967 publicó Larrea un largo artículo titulado «Considerando a Vallejo, frente a las penurias y calamidades de la crítica». En este estudio hay numerosas referencias a Huidobro. Larrea vuelve a presentar a Huidobro como discípulo del Mallarmé de *Un coup de dés,* atribuyéndole a la influencia evangelizadora del chileno la publicación, de importancia seminal, de dicho texto en la revista madrileña *Cervantes* (1919), traducido por Cansinos-Assens. También se refiere al tema de Huidobro como discípulo del Darío apocalíptico de las *Dilucidaciones,* afirmando por primera vez su idea, luego repetida en otras publicaciones, de que el viaje a París que emprende Huidobro en 1916, en plena guerra, se debía a que en su juicio quedaba vacante, con la muerte de Darío, el puesto de primer poeta de la lengua. Nos cuenta que en octubre de 1925 le habló largamente a Vallejo de Huidobro, situándolo en la tradición mallarmeana de la búsqueda del verbo absoluto, pero que en aquel entonces Vallejo, partidario de la poesía no cerebral, de expresión inmediata del sentimiento del momento, no tenía mucho interés. A pesar de lo cual, afirma que en *Trilce* hay visibles muestras de la influencia de Huidobro, tanto en el vocabulario como en la tipografía; presenta detalles interesantes y muy plausibles, de los cuales nos limitamos a citar tan sólo uno, como botón de muestra: la coincidencia en el uso de la voz "arrecife" por parte de los dos poetas para referirse a su tierra natal. En *Ecuatorial,* publicado como libro en 1918 pero reproducido en 1919 en *Cervantes,* revista que como se sabe leía con avidez el grupo de Trujillo, dice Huidobro con alusión a Chile, tan vinculado al mar: «Dejando mi arrecife vine a veros.» En *Trilce* se referirá Vallejo con osada arbitrariedad a su pueblo de Santiago de Chuco como «ciliado arrecife donde nací». Asevera Larrea luego que «si se pusiera uno a hacer un recuento de las palabras (parecidas) comunes entre *Ecuatorial* y *Trilce,* se llegaría a la conclusión de que no andan lejos de las ciento en el peor de los casos».[30]

Pero Larrea no exagera la importancia de la influencia de *Ecuatorial,* ni de la posible influencia de la tipografía de *Horizon carré* en algún poema de *Trilce,* declarando en la misma página que acabamos de citar que «en rigor, lo único que significan por sí tales prestaciones en el cuadro de una crítica escrupulosa, es que a Vallejo, como a los demás poetas, le llamaban la atención ciertas palabras y expresiones, algunas de las cuales tomaba, al pasar, de los autores que leía, como podía haberlas tomado de un diccionario». Ilustra esta idea con ejemplos de probables fuentes del vocabulario de Vallejo en poetas tan dispares como Milton, Bécquer y la Condesa de Noailles. A pesar de su escrupulosa modestia en este caso, es preciso sentar que en éste y en otros artículos la crítica de Larrea no se limita a atrevidas especulaciones metafísicas, como quieren algunos, sino que ofrece también meticulosas aportaciones de tipo histórico y filológico cuya utilidad no se puede ignorar. Al terminar este resumen de las referencias a Huidobro en «Considerando a Vallejo...» no podemos dejar de mencionar la nota en que el autor nos propone como probabilidad que para los caligramas de *Japonerías de estío* Huidobro se haya inspirado en el tomo IX de la *Historia Universal,* de César Cantú, libro frecuente, según afirma, en las bibliotecas particulares en la época de la juventud de los dos poetas y que contenía una sección de *Poemas Difíciles* con reproducciones de poesías alejandrinas y medievales.[31] Sin duda valdría la pena investigar el asunto.

En 1967 organizó Larrea en Córdoba otra reunión internacional dedicada a César Vallejo. Durante estas Conferencias Vallejianas Internacionales pronunció un largo discurso titulado «Darío y Vallejo, poetas consubstanciales», que se publicó en 1971 en su revista *Aula Vallejo*. En este trabajo Larrea vuelve a afirmar que los dos verdaderos continuadores de la trayectoria apocalíptica de Rubén Darío fueron Huidobro y Vallejo, cada uno a su manera. Dedica varias páginas a la explicación de lo que llama «la conexión directa de Huidobro con el Darío de más altos vuelos».[32] Cita el caso de la revista *Azul* y del poema juvenil «Apoteosis», dedicado a Darío, «heraldo del alba»; afirma que el manifiesto *Non serviam,* inspirado hasta en el título por la conferencia de Gabriel Alomar sobre *El Futurismo,* se vale de Alomar no directamente sino a través de las *Dilucidaciones* de Rubén, cuyo llamamiento a los nuevos poetas de las Españas es además causa principal de que Huidobro adoptara una postura creacionista; vuelve a decir que el viaje a París de 1916 resulta de sus ambiciones de ocupar el trono que quedaba vacante con la muerte de Darío; establece una conexión entre el apocalíptico poema «Paz» de Darío (1915) y los igualmente apocalíticos *Ecuatorial* y *Altazor;* y observa que el famoso viaje de 1918 a Madrid obedecía al mismo impulso fundamental (pp. 272-275).

En este esbozo cronológico de los escritos larreanos sobre Huidobro nos adelantamos a mencionar el libro *Del surrealismo a Machupicchu* (1967) porque un trozo del mismo corresponde a una carta inédita de 1962, que trata del *affaire* Huidobro-Neruda. Dicho libro contiene otras menciones de Huidobro. En una larga nota Larrea se ocupa de Huidobro, continuador del Darío apocalíptico, con citas y comentarios de *Temblor de cielo* y *Ecuatorial.* Promete ocuparse algún día con más extensión de Huidobro, superior, según dice, en no pocos aspectos a Neruda. Menciona la oposición por parte de Huidobro a la publicación en *Favorables* de un trozo de *Tentativa del hombre infinito,* y reproduce la carta que se mandó a Neruda y a Huidobro en el momento del Congreso de Escritores de Valencia y Madrid en 1937.[33] El monógrafo «Respuesta diferida a "César Vallejo y el surrealismo"», que publicó en el mismo número de *Aula Vallejo* (y que en 1976 vio la luz en Madrid como *César Vallejo y el surrealismo*), contiene algunas referencias a Huidobro que en realidad no añaden nada que merezca citarse.[34] Y el trabajo «Valor de la verdad (contra la confusión profesional)», dedicado a puntualizar las relaciones personales entre Larrea y Vallejo y publicado en *Aula Vallejo* en 1974, contiene interesantes datos biográficos sobre Huidobro en París, pero si no es en los matices, no agrega nada que no se haya publicado anteriormente.[35]

En los ensayos de su edición de la *Poesía completa,* de César Vallejo (1978), hay varias referencias a Huidobro, la mayoría sobre puntos ya familiares al lector: significado de que Huidobro se haya trasladado a París después de la muerte de Rubén Darío, y de sus poemas *Adán* y *Ecuatorial,* textos que apuntan a una humanidad nueva tras las catástrofes apocalíticas de la guerra; Huidobro en la línea de la aventura poética absoluta anhelada y presidida por Stéphane Mallarmé. Al hablar de la corriente apocalíptica tan fuerte en las experiencias vitales y poéticas de Vallejo, como de Huidobro, añade el detalle poético, interesante para lectores de su libro *La religión del lenguaje español* (1951), de que ambos poetas nacieron «bajo el signo de Santiago, simulacro del Verbo apocalíptico».[36]

En abril de 1978 Larrea leyó en Chicago parte de una larga ponencia sobre Huidobro como invitado del Simposio Internacional sobre Vicente Huidobro y la vanguardia. Publicado en las actas del Simposio ocupa sesenta páginas con título de «Vicente Huidobro en vanguardia».[37] En esta obra Larrea reúne y amplifica todos los elementos biográficos, históricos, críticos, bibliográficos y especulativos que habían aparecido en los trabajos y cartas anteriores. Todo lo dicho sobre el poeta chileno en este trabajo, como en los anteriores, se pone aquí en relación íntima y reveladora, desde el detalle biográfico más anodino hasta las especies más abstractas de la especulación histórico-cultural. Entran en juego como sinfónico todas las cualidades intelectuales, intuitivas y artísticas del autor, su gran elocuencia, su fabulosa memoria, su ominio de los elementos de varios campos culturales, su extraordinaria imaginación, señor de horca y cuchillo en materia de símbolos, así verbales como visuales, y el valor que siempre mostró al alzar el vuelo hacia regiones imaginativas e intelectuales poco frecuentadas y muchas veces desdeñadas por gran parte de su auditorio.

Desmontar este ensamblaje de elementos dispares a la vez que perfectamente amalgamados, con el fin de analizar y valorarlo, es una tarea ardua para quien se sabe menos dotado, en todos los sentidos, que su autor. Se corre además el riesgo consabido de destruir el valor de conjunto que tiene el trabajo. Los detalles biográficos, por ejemplo, valen de por sí, sin más; pero su interés aumenta mucho cuando vemos cómo los usa Larrea para ilustrar sus interpretaciones originales de la carrera y de lo que llama el destino de Huidobro. Pero hasta rebajados al nivel de la mera historia literaria, son reveladores y sorpendentes. Citaremos como ejemplo el detalle del proyecto de Angola, episodio de los últimos años parisienses de Huidobro, en que «sobrecogido por el terror de la guerra que presentía avecinarse, Vicente se empeñó en que un grupo de amigos nos trasladáramos a ver los toros desde la barrera africana de Angola». Busca información, lee libros, pero sus amigos no se sienten seducidos, y el proyecto se marchita, pero no sin dejar frutos literarios, pues «en cambio el poeta vertió su emoción en las páginas de *La próxima*» (p. 255).

En el plano de la historia literaria la anécdota nos revela algo sobre el origen de una novela huidobriana. Tiene cierto interés, como también lo tiene la afirmación de que Huidobro publicó a poco de llegar a Chile la novela *Papá, o el diario de Alicia Mir* «para volcar sobre su mujer la culpa de su abandono» (p. 255). Pero Larrea eleva estas anécdotas y detalles a otro plano y los integra a la visión global que presenta del destino de Vicente Huidobro, poeta de excepcional talento y de extraordinario valor, casi único, pero poeta trunco comparado con el que hubiera querido ser en términos de sus apetencias, ambiciones y presentimientos, y destinado a ser tan sólo el precursor de quien quería ser. Así, en pequeña escala, el fracaso del proyecto de Angola se une a otros fracasos más importantes que lo dejan al final de su vida en un estado de hondo abatimiento, siendo la decepción mayor la renuncia a ver la llegada poética de lo que en 1935 llamaba todavía «la maravilla viviente por la cual he trabajado tantos años y que tanto he esperado», maravilla cuya ausencia forma el tema principal de sus últimos libros de versos.[38] El motivo de la publicación de *Papá, o el diario de Alicia Mir,* de ser cierta la suposición de Larrea, daría fe una vez más de la fatal egolatría del poeta, tara que en el juicio de Larrea es precisamente lo que impide a Huidobro penetrar al nuevo reino poético de la «maravilla viviente» que había buscado y que quería expresar.

Atando cabos y uniendo temas, Larrea presenta, con lujo de detalles y de matices, una visión general de la experiencia de Huidobro cuyos elementos constitutivos más importantes son la tradición apocalíptica de Rubén Darío, la búsqueda de un lenguaje supremo de Mallarmé, y las peculiaridades psicológicas del hombre Vicente Huidobro. La tradición apocalíptica determina en este poeta nacido «bajo el signo de Santiago, simulacro del Verbo apocalíptico», una temática, por lo menos en sus principales obras, escatológica y apocalíptica, de fin de mundo y aparición o intuición de algún modo de «cielo y tierra nuevos». La tradición del lenguaje supremo representa, supiéranlo o no los poetas individuales adeptos a ella, la otra cara del mismo asunto, o sea, la búsqueda del lenguaje apropiado para la expresión de un nivel más alto de conciencia colectiva, la de la mutación cultural a que apuntan las intuiciones apocalípticas de la alta poesía de Occidente desde el romanticismo acá.

Para esta doble empresa se creyó nacido Huidobro, nacido y señalado. De aquí su convicción personal de ser el primero en todo, hasta el punto de llegar a veces a una falsificación que al fin y al cabo no nos impide ver su verdadera primacía como poeta de vanguardia. De aquí su interés en un lenguaje verdaderamente original, desde sus primeros caligramas hasta *Altazor,* y en una poesía de ambiente auténticamente cósmico, elementos que unidos a su convicción personal de ser el primero le indispusieron con otros artistas críticos de bajos vuelos y de prejuicios de campanario. De aquí, por fin, sus gestiones, casi siempre fracasadas, de crearse una situación de jefe de grupo, y de grupo a la altura de sus esperanzas.

Desde el punto de vista de Larrea el deseo de ser *jefe* de grupo podría decirse que simboliza perfectamente el dilema creado por la psicología particular de Huidobro, caracterizada por un extremado individualismo con un culto notable a su propio yo. Por una parte, vislumbra Huidobro lo que es para Larrea la característica esencial del nuevo lenguaje y de la nueva conciencia, la de ser colectivos, impersonales, y de existir y funcionar más allá del conocimiento y del control de las personalidades individuales. Por esto apetece siempre formar parte de un grupo; quiere ser la voz de un movimiento colectivo, pero a condición de que lo dicho sea producto y propiedad exclusivos de Vicente Huidobro y Compañía. Quería hacer y serlo todo. Se trataba, en el juicio de Larrea, de todo lo contrario, «de no ser nada para que la Vida sea», como me dijo en una carta refiriéndose precisamente a este problema causado por «los napoleonismos y donjuanismos» de Huidobro.[39] No ser nada para que la Vida sea, o como lo decía Larrea en su poema «Liens», que citamos en la traducción de Gerardo Diego:

> No ser más que una brizna de tierra pero mezclada a la caza de los gamos
> una articulación
> de soplo y de polvo.
> Tener un chaleco sin siquiera una sombra de hiedra
> y un poco de atardecer entre los ladrillos del corazón.[40]

Las páginas de interés puramente literarias se subordinan, para su autor, a aquellas dedicadas hacia el final del ensayo a sus características especulaciones teleológicas sobre el futuro de la cultura. Pero para nosotros las secciones literarias, sólo auxiliares para Larrea, son de importancia fundamental, tanto las exposiciones razonadas como las rápidas observaciones y especulaciones que salpican el texto. Hablaremos de éstas y de aquéllas, haciendo hincapié en puntos no tocados en las páginas anteriores.

Empezaremos con cuestiones de interés histórico, como por ejemplo las influencias literarias. En su ponencia Larrea amplía notablemente su observación de 1967 sobre el influjo de Gabriel Alomar y su conferencia *El futurismo* en el manifiesto *Non serviam*. De Alomar, a través de las *Dilucidaciones,* de Rubén, derivan no sólo esta frase, sino además la idea que el primero en proferirla fuera Adán, «el primer indómito...» y además, el primer creacionista, pues quería, según Alomar, «esculpir en el mundo nuestra imagen, *crear* en fin, *crear* alcanzando de un vuelo la función misma de la divinidad» (p. 227). Este manifiesto, como sabemos, lleva la fecha de 1914; pero Larrea se atreve a poner en duda esta fecha, alegando que no hay ninguna prueba de que el documento haya existido antes de 1925, y que «duele tener que aceptar como más probable que nos encontremos ante un episodio fabricado a favor de la primacía que en sus polémicas se arrogaba Vicente respecto a la génesis del *creacionismo*» (p. 228).

También se ocupa Larrea de la frase que en *La création pure* se atribuye a un poeta anónimo aimará («No cantes a la lluvia, poeta, haz llover»), revelando que Maurice Raynal, amigo de Huidobro, había atribuido la misma frase a un viejo poeta hindú. Aunque tiene sus dudas sobre la identidad o autenticidad del poeta «aimará» de Huidobro, también nos ofrece motivos para sospechar que el crítico francés pudo haber tomado la idea de Huidobro, cambiando el origen del «poeta» para disfrazar la fuente del verso (p. 229).

La aparición en Chile de un ejemplar de la edición de 1916 de *El espejo de agua* no acaba de satisfacer las dudas de Larrea respecto a esa publicación, como explica en una página interesante. Según Juan Gris, por cierto que después de su ruptura con Huidobro, éste había hecho publicar en Madrid, en 1918 y en no se sabía qué casa editorial, dos ejemplares de la supuesta primera edición del libro, fechada falsamente en Buenos Aires, 1916. La carencia de pie de imprenta en la segunda edición de 1918 le llama la atención, pues en esto se diferencia de los demás libros de Huidobro publicados aquel año en la villa y corte. La tipografía, dice, es distinta de la de los otros libros. Afirma además que nadie tiene noticias del «Fernán Félix de Amador, poeta hermano», a quien están dedicadas las dos ediciones. Por estos motivos duda que la existencia del ejemplar fechado en 1916 sea prueba suficiente de la autenticidad de dicha primera edición (p. 230).

Quizá más interesantes que estos pormenores históricos son los comentarios textuales de las obras de Huidobro. Es revelador su breve comentario sobre la naturaleza de una metáfora del poema «Ocean ou dancing», mal comprendido según Larrea por Guillermo de Torre, persona sin verdadero entendimiento de la poesía (pp. 216-217). Igualmente instructivos son sus recuerdos y explicaciones de la impresión «cósmica» que en 1918 le produjo la lectura de algunos de los *Poemas árticos* (pp. 218-220). Son memorables sus breves comentarios sobre el sentido de *Temblor de cielo,* aunque parecidos a lo que había dicho en la carta de 1954 (pp. 247-48). Lo inédito y sorprendente de sus referencias a esta obra es la conexión imaginativa que establece Larrea entre *Temblor de cielo* y los «episodios irlandeses» de 1924 en el momento del supuesto «rapto» de Huidobro, consecuencia según afirmaba de las declaraciones antibritánicas de *Finis Britannia.* En este poema

> se declara con grandiosa elocuencia y en términos abismales la entrega total del poeta a la personificación de la Poesía bajo el extraño nombre de Isolda, princesa de Irlanda, donde se augura otra vez el fin del universo y su fin propio. Esta es cosa que, por otra parte, le confiere reflejamente al sujeto poético y a sus aventuras la fisonomía heroica de Tristán, el héroe batallador de la saga británica (p. 233).

Lo más impresionante de estas observaciones sobre la Isolda de *Temblor de cielo* no es la conexión tan curiosa con los «episodios irlandeses» sino la idea de que este personaje sea la personificación de la Poesía, cosa que no se le había ocurrido a nadie pero que me parece probable después de una relectura de la obra. De ser esto así, nos daría una clave muy útil para empezar a estudiar en serio esta obra desatendida. Arrojaría además una nueva luz sobre la presencia femenina «dadora de infinito» de *Altazor.* Son dos personajes muy parecidos en la manera cómo funcionan en las dos obras; es más, en el poema en prosa «Anuncio», de hacia 1931, figuran juntos los personajes Altazor e Isolda.[41] Quede el tema para otro estudio.

La cultura, la perspicacia, la intuición y el conocimiento personal se dan cita en el estudio textual más importante de este ensayo, el que versa sobre *Altazor.* Sobre la base teórica y documental de su carta de 1954, el autor nos ofrece una versión mucho más amplia y más detallada de sus ideas sobre la obra maestra de Huidobro. Tras estudiar el significado de la equívoca fecha de 1919 (pp. 233-236), pasa Larrea a presentar un análisis psicopoético del personaje Altazor, el prototipo de cuya extraña figura encuentra ya reconocible en el poema juvenil «La epopeya de Iquique» (pp. 236-37). Los siete cantos forman una escala del tipo tradicional en nuestra cultura para representar los procesos psíquicos ascencionales, individuales o colectivos. Además de los deseos personales de Huidobro-Altazor de ascender a una cumbre cósmica, dicha escala traduce un proceso ascensional del lenguaje mismo, cosa natural en un poema iniciado en Francia en los medios poéticos señoreados por la tradición que culminó en Mallarmé, la de los dos lenguajes poéticos, doctrina en que Huidobro creía y a la que había iniciado a Larrea y Diego a partir de 1921. Con citas del manifiesto *Total* sobre el Verbo, Larrea apoya su afirmación de que las ambiciones del poeta son las de encontrar un verbo nuevo que exprese una nueva humanidad; y dice a continuación: «Estamos en el santuario del logos, laboratorio de los grandes mitos» (pp. 237-240).

Ya que esto es así, prosigue el autor con su examen del papel que hacen en *Altazor* algunas figuras centrales del tradicional lenguaje de los grandes mitos de nuestra cultura. Enumera algunas de las funciones del número sagrado *siete,* haciendo hincapié en el papel que tiene este número en la transfiguración del Señor, acaecida en el séptimo día. El Señor es el Verbo, según el evangelio, lo cual para Larrea «induciría a imaginar que *Altazor,* mediante su estructura y sus siete letras, delata al antiverbo como fruto del anticristianismo del Nietzsche» (p. 241). Por otra parte, los siete niveles del poema hacen pensar en la figura del *zigurat,* o torre de los templos caldeos, en el más alto de cuyos siete niveles se celebraba la unión de cielo y tierra: «Representación de estos monumentos instrumentales es la famosa *Torre de Babel,* identificada asimismo con la realidad del lenguaje, o mejor de los lenguajes cuantitativos y cualitativos o de los hombres y de Dios, en dualidad equivalente a la establecida en las mentes de Mallarmé y Huidobro» (p. 241).

Entonces Larrea explora el valor del símbolo de la mandala o «centro del mundo», lugar apropiado para la comunicación con el cielo, y simbolizado con el cuadrilátero; cita ejemplos de figuras mandálicas en los poemas de Huidobro, como «Matin» y «Moulin»; y hace notar la estrecha relación que se suele establecer entre el cuadrilátero y la figura septenaria que se encuentra en *Altazor*. La figura del árbol cósmico que simboliza el universo, que en nuestra cultura toma la forma del «Arbol de la Vida» del Génesis y también Apocalipsis, es relacionada por Larrea con el epílogo de Adán («¡Oh Padre Adán! Arbol frondoso»), poema en que además, como hace notar, la Torre de Babel se compara a un árbol «con sus raíces fijo / Aferrado en las entrañas del vacío». Luego cita el árbol del famoso lema de *Horizon carré,* y el himno al árbol de *Las pagodas ocultas,* todo esto para poder valorizar el fondo mítico ancestral que se divisa tras el árbol de *Altazor*. El último de estos símbolos, el molino, se identifica de modo totalmente convincente con el anillo nietzscheano del Eterno Retorno (p. 244).

Ante todo lo cual Larrea no vacila en afirmar que *Altazor* es un instrumento cultural de orden y valor superiores, «molino de imágenes y de palabras», «avión supersónico», «nave cósmica» (p. 244). Cabe añadir que no atribuye todo lo que encuentra en el poema a la voluntad y conocimiento conscientes de Huidobro, quien carecía, afirma, de los conocimientos necesarios para hacerlo a propósito. Para Larrea el poeta propone y la cultura dispone; como documento cultural el poema es y dice más de lo que sospecha su «creador».

> En *Altazor,* con el concurso de las estructuras de orden sociocultural que se esbozan en su análisis, patentízase que la conciencia positiva del poeta no es sino un aspecto de la sujetividad del fenómeno creador, una secuencia melódica en el inmenso e inextricable fluir de la suprema sinfonía (p. 261).

Pero con esto comenzamos a alejarnos una vez más de aquella parte del ensayo que enfoca directamente lo que tiene el caso Huidobro de literario. Cerraremos estas páginas dedicadas al estudio de *Altazor* afirmando que desde el punto de vista de la información accesoria como del estudio textual, este artículo es netamente superior, tanto en sus detalles más ínfimos como en su amplitud de miras, a cuanto se ha escrito sobre el tema. Pese a lo que algunas personas pudieran objetar con relación a las especulaciones histórico-culturales con que termina el ensayo, el texto de Larrea es el único que haya estudiado el gran poema de Huidobro en un nivel tan ambicioso como el de Huidobro mismo.

Con esto damos por terminada nuestra exploración de las relaciones personales e intelectuales entre dos grandes poetas, en un principio poco o mal conocidos, pero cuya importancia se va perfilando hoy de manera cada día más diáfana.

Apéndice

CARTA DE VICENTE HUIDOBRO A JUAN LARREA

Santiago, 5 Julio 1935

Querido Juan:

Ah! Si tu libro va a hacer que ocurra lo que aguardamos con tantas ansias, si tu libro va a hacer llover, que venga pronto. Todas las estatuas del mundo me parecerían pocas para glorificarte.[42]

Yo vivo en una jaula de gruesos barrotes. La salud de mi madre me impide hacer muchas cosas que debiera hacer y que no puedo por no acarrearle disgustos. Es terrible vivir en esta contrainte. A veces me digo: partiré a Europa. Pero su salud tampoco me lo permite.

Las olas no me desgarran sino que me gustaría, entre ola y ola, poder hablar con alguien, encontrar un oído y una garganta afín. Me desespera ver estas gentes tan por debajo de cada cosa y de cada problema.

No quiero ver que el advenimiento de la maravilla viviente por la cual he trabajado tantos años y que tanto he esperado me encuentre en un campo de sandías y que no pueda recibirla como se merece.

Me hablas de una campaña contra Neruda. No, querido Juan, tú no puedes dejarte engañar, eso está bueno para los otros, tú no puedes marchar en esa gran combina. Yo no he empezado ninguna campaña contra ese señor que no es tan buen muchacho como aparenta, sino un admirable hipócrita. Es precisamente al revés. Yo fui obligado a defenderme porque ese señor me calumniaba en todas partes. Desde Argentina escribía verdaderas circulares calumniándome y ahora manda versos de insultos desde España. Esto no me importa, lo que yo no podía tolerarle eran sus bajezas. Figúrate que este señor al partir de Chile para Argentina envió una serie de cartas anónimas, creo que también en forma de circular, diciendo: Ahí va Neruda, espía militar chileno —o algo por el estilo. A todas luces lo que quería era hacerse el interesante y promover revuelo en torno a su persona. Armó el revuelo y entonces el infame escribió desde allá a Chile, haciéndose la víctima —es su política habitual y conocida por todo el mundo— y señalando como posibles autores de esas cartas a «Huidobro o algún creacionista», te transcribo sus palabras pues me han mostrado esas circulares, «o a Pablo de Rokha o Isaac Echegaray». ¿Ves la infamia? ¿Crees tú que yo iba a tolerar semejante villanía?

Debo advertirte que cuando en la Asociación de Escritores y Artistas Revolucionarios se habló mal de él, recién llegado yo a Chile, yo fui el único en defenderle. En varias ocasiones al acusarse su actitud turbia yo le defendí. Asimismo cuando Pablo de Rokha le insultó groseramente, yo hablé con él y le dije que hacía mal en insultar así a un compañero. Luego cuando entre los jóvenes comunistas se le acusó de andar con dos policías, sus íntimos amigos, para arriba y para abajo, yo traté de disculparlo. De todo esto hay muchos testigos. Entre tanto el infame no hacía otra cosa que hablar mal de mí por debajo y por detrás. Esto lo he sabido yo ahora por otros que se han peleado con él y me lo han contado. Algunos, como Pilo Yáñez y su mujer, me han contado las frases y campañas que el hipócrita hacía en mi contra. Hoy se presenta con actitud de indio vencido e hipócrita diciendo en voz compungida: Yo no sé qué tiene Huidobro en contra mía que le ha dado por atacarme y hacerme campañas.

El pequeño canallete sabe muy bien que nadie le recibió con mayor cordialidad que yo mientras él y sus amigos vivían tratando de socavarme. El único choque que tuve yo con él lo tuve en casa de Yáñez, y precisamente por tu poesía y creo que la de algunos otros españoles jóvenes. De ti recuerdo, y puedes decírselo a él en su cara, de ti hablamos y yo defendí tu poesía. De los otros españoles no recuerdo con certeza y por otra parte él es superior en mi concepto a (casi) todos ellos, excepción hecha de ti, así es que sus palabras no me habrían chocado mucho por ese lado.

Esta es la verdad, Juan; tú me conoces y sabes que tengo razón. Puedes creerme que si él no me hubiera calumniado y hecho que dos amigos suyos ambos de la Policía Secreta me insultaran en el diario *Las Ultimas Noticias* yo jamás me habría ocupado de él ni para bueno ni para malo. Fue él quien emprendió campaña en contra mía y no yo en contra de él.

En el asunto del plagio no tuve arte ni parte. Claro está que él dijo que yo era el autor. Así se presenta como víctima o trata de hacer creer que las gentes le tienen odio por envidia. Es su sueño. Y es tanto lo que sueña que no se da cuenta de que le tenemos desprecio y no odio.

No creas que este asunto me acarree molestias, apenas si me hace reír. El puede emprender en España todas las campañas en mi contra. España no me interesa, quiero decir la España literaria. La otra me interesa muchísimo. Toda la intelectualidad española para mí se reduce a una sola persona: Juan Larrea. Tú lo sabes muy bien. El resto me parece igual que Bolivia. Nunca he podido olvidar la frase tremenda de Picasso: «España, todo tan largo, tan largo y tan tonto.» Y tú recordarás la frase de nuestro amigo Juan Gris: «España es el único país del mundo que todavía no ha aprendido que hay que decir cosas grandes y bellas en lenguaje familiar y sin énfasis.»

Son profesores de retórica. Escriben aún en la edad media, con tizona, larga capa y sombrero con plumas. Todavía no saben que el arte de escribir bien consiste en escribir mal. Son retóricos, terriblemente retóricos.

Sacúdeles un poco. Por eso tu misión es grande, porque debes despertar y modificar a un gran pueblo.

Ximena está escribiendo a Guite, encantada de haber recibido una larga carta. Dale un gran abrazo mío y muchos cariños a mis sobrinitos Luciane y Jaime. Vladimir les manda un abrazo y un beso a cada uno y otro a sus tíos.[43]

Por este correo te mando *En la luna* y *Tres Inmensas Novelas* que escribimos en colaboración con Arp en Arcachon.

Cada vez que pienso en lo que eres y lo que vales, te quiero más y me siento orgulloso de mí mismo. De haber sabido encontrar un amigo como tú. Nunca he dejado de quererte y estimarte, ni en momentos en que tu obra podía gustarme menos o ciertos aspectos de ella, siempre te he sentido cerca y siempre tan excepcional, tan por encima de los demás que eras consuelo y ejemplo. Ojalá te vean como hay que verte y sirva tu ejemplo.

Ese abrazo mío especial para ti.

Vicente

Le leo esta carta a Volodia (Teitelboim) que es un admirador tuyo y me dice: Yo creo que el odio de Neruda a usted se debe a que a su llegada a Chile los jóvenes le rodearon a usted y él, lo mismo que Rokha, se creyeron desbancados.

Mira qué cosa triste y qué pobre.

Y ve con qué habilidad al atacarme ha cambiado los roles y se hace la víctima. Pero tú, Juan, tú no puedes caer en la trampa.

Te figuras tú el boche que habrían armado los jóvenes en Francia por un señor cuyos íntimos y mejores amigos son Diego Muñoz y Tomás Lagos, de la Policía Secreta de Santiago. Si en España esto les parece poco. Es triste para España.

NOTAS

[1] Bary, 1976, pp. 41-50; VHV, pp. 217-220.
[2] Bary, 1976, pp. 54-56; VHV, pp. 223-239.
[3] Bary, 1976, pp. 57-60.
[4] *L'Esprit Nouveau,* núm. 18, noviembre de 1923, citado de VC, p. 329.
[5] VHV, p. 224.
[6] Bary, 1976, pp. 60-66.
[7] VHV, pp. 252-253.
[8] VHV, pp. 253-254, *et passim.*
[9] Ver el capítulo II, p. 49.
[10] Bary, 1976, pp. 59, 65-68; JUAN LARREA: «Valor de la verdad», AV, 11-12-13, 1974, p. 94.
[11] Bary, 1976, p. 66; JUAN LARREA: *Del surrealismo a Machupicchu* (México, Joaquín Mortiz, 1967), p. 104.
[12] Ver el capítulo III, pp. 70-72.
[13] VHV, p. 273; para esta época, Bary, 1976, pp. 71-76.
[14] Bary, 1976, pp. 76-101; VHV, pp. 254-255.
[15] Bary, 1963, pp. 27-28; para el desagravio-homenaje, Bary, 1976, pp. 108-109; JUAN LARREA: *Del surrealismo a Machupicchu,* pp. 104-107.
[16] *Del surrealismo a Machipicchu,* pp. 126-30.
[17] Ver el capítulo II, p. 56; VHV, pp. 249-50.
[18] Bary, 1963, p. 129, p. 131; VHV, p. 256.
[19] Bary, 1976, pp. 38-39, 53, 100-101.
[20] Bary, 1976, pp. 23-26; VHV, pp. 260-64; para una explicación detallada, JUAN LARREA: *Teleología de la cultura* (México, Los Sesenta, 1965).
[21] Ver la bibliografía en JUAN LARREA: *Al amor de Vallejo* (Valencia, Pre-Textos, 1980), pp. 305-306.
[22] *The Vision of Guernica,* in *Guernica* (New York, Kurt Valentin, 1947); *La Visión de Guernica,* en *Guernica* (Madrid, *Cuadernos para el Diálogo,* 1977).
[23] «Open Letter to Jacques Lipchitz», *College Art Journal,* volume XIII, number 4, Summer, 1954, pp. 251-88.
[24] Ver la bibliografía en Bary, 1976, pp. 171-183.
[25] VICENTE HUIDOBRO: *Vientos contrarios* (Santiago, Nascimiento, 1926), pp. 15-17.

[26] *Del surrealismo a Machupicchu,* p. 80; la primera edición de *El surrealismo entre viejo y nuevo mundo* fue publicada en México por *Cuadernos Americanos* en 1944.

[27] «Open Letter to Jacques Lipchitz», pp. 257-58.

[28] AV, 2-3-4, 1962, pp. 112-114, 123.

[29] René de Costa: «Sobre Huidobro y Neruda», RI, núms. 106-107, enero-junio de 1979, pp. 380-81.

[30] AV, 5-6-7, 1967, pp. 157, 160, 165-67, 196, 235, 236, 262-65.

[31] «Considerando a Vallejo», p. 265 n.

[32] AV, 8-9-10, 1971, pp. 272-75.

[33] *Del surrealismo a Machupicchu,* pp. 80, 105, 124, 126-29.

[34] AV 8-9-10, 1971, pp. 311-517; *César Vallejo y el surrealismo* (Madrid, Visor, 1976), pp. 137-39.

[35] AV, 11-12-13, 1974, pp. 194-95, 204.

[36] César Vallejo: *Poesía completa,* edición crítica y exigética al cuidado de Juan Larrea con la asistencia de Felipe Daniel Obarrio (Barcelona, Barral Editores, 1978), pp. 17, 67, 713.

[37] RI, números 106-107, enero-junio de 1979, pp. 213-73.

[38] Carta a Juan Larrea, Santiago, 5 de julio de 1935, publicada como apéndice de este capítulo.

[39] Córdoba, 20 de octubre de 1962.

[40] Juan Larrea: *Versión celeste* (Barcelona, Barral Editores, 1970), pp. 84-85.

[41] Vicente Huidobro: OC, I, 619.

[42] El libro a que se refiere Huidobro es *Versión celeste,* poemario de Larrea cuya publicación, proyectada en aquel entonces por José Bergamín, fue interrumpida por la Guerra Civil. Durante su vida Juan Larrea se oponía a la publicación del texto completo de esta carta, pues encontraba excesivos los elogios de su persona y de su obra. Desaparecido Don Juan, desaparece este obstáculo.

[43] Guite; Marguerite Aubry de Larrea; Luciane: Luciane Larrea Aubry; Jaime: Juan Jaime Larrea Aubry; Vladamir: hijo de Huidobro y de Ximena.

Capítulo II

EL *ALTAZOR* DE HUIDOBRO SEGUN UNA CARTA DE JUAN LARREA

La carta que sobre *Altazor* me mandó Juan Larrea en 1954 constituyó durante muchos años el texto más importante que se hubiera escrito sobre la obra maestra de Vicente Huidobro. Cuando la publiqué en 1978 seguía ocupando el sitio de honor entre las obras dedicadas al gran poema, y sólo fue superada, en parte por lo menos, cuando apareció «Vicente Huidobro en vanguardia», artículo basado en muchos particulares en la carta que nos ocupa en este capítulo.[1]

La carta de 1954 no viene repetida textualmente en «Vicente Huidobro en vanguardia», que tampoco toca todos los puntos mencionados en la carta. Por esto, y porque es una obra interesante en sí, la vuelvo a publicar ahora, a causa del valor que tiene como primer estudio importante sobre *Altazor* y como muestra de lo oportuna que sería la formación de un epistolario de Larrea, quien mantuvo durante muchos años una correspondencia asidua con figuras del relieve de César Vallejo, Jacques Lipchitz, Gerardo Diego, Vicente Huidobro, Jean Arp y otras destacadas personalidades.

En septiembre de 1953 entrevisté a Larrea en su casa de Nueva York sobre la poesía y la vida de Vicente Huidobro. Terminadas las entrevistas, le escribí al poeta desde California para aclarar puntos no tocados en las entrevistas. En una de las cartas le pregunté a Larrea si sabía algo de la verdadera fecha de composición de *Altazor,* ya que por varios motivos resultaba inverosímil que el texto publicado en 1931 datara realmente, como reza en el libro, de 1919. Como contestación a esa pregunta me cayó como una bomba la carta que ahora publico y que, esté uno o no de acuerdo con todas las ideas que allí se expresan, se acerca al texto del poema tan ambicioso de Huidobro en un nivel de altura y de seriedad que ningún otro crítico del chileno, que yo sepa, había vislumbrado.[2]

New York, 17 de enero de 1954

Señor David Bary
Berkeley, California

Estimado señor y amigo Bary:

Para contestar su carta me he puesto a escribir un borrador que a mi pesar —porque me encuentro muy ocupado—[3] ha adquirido bastante cuerpo. La materia me apasiona. Como se rebasan con mucho sus preguntas, he estado dudando si enviárselo. Llego a la conclusión que nada se pierde con hacerlo. Utilice sus confidencias como le plazca —si le apetece— siempre que ello redunde en el mejor conocimiento y estimación de la figura y obra complejas de Vicente Huidobro.

De *Altazor* recuerdo lo siguiente:

Hacia 1919 Huidobro publicó algún trozo de ese poema en Madrid, creo que en el diario *El Imparcial* o, mejor, en su página literaria de los lunes que dirigía Cansinos Assens.[4] Me parece que debía ser parte del Canto I donde se distinguen pasajes muy a tono con su poesía de entonces, con la de *Ecuatorial* especialmente. Valdría la pena comprobarlo.[5]

Debió ser éste un poema concebido con afanes apocalípticos. Avido de novedad, Huidobro aspiraba a proyectar en él la plenitud de sus alardes, quizá un poco a la manera de Zaratustra, aunque naturalmente en forma y desorbitación distintas. Imagino que en aquella época no supo continuarlo por falta de medios expresivos que sólo se le dieron con el tiempo. De hecho, desde que empecé a tratar a Vicente el 21, no recuerdo haberle oído hablar de *Altazor* en términos memorables, como solía hacerlo de otras obras suyas.

En cambio, en 1928-29 empezó a referirse con insistencia a este poema. Me leyó varios trozos. Creo recordar que publicó poco después alguno de sus cantos últimos en una revista francesa. Mi impresión —vaga— es que pudo ser en la revista que creo dirigía Ribemont-Dessaignes cuyo título no logro precisar en este momento ni tengo a mano los elementos para poner el asunto en claro. Pero, ¿cómo siendo una revista francesa pudo publicar en ella un poema en español? No acierto a verlo. Es posible que él mismo lo hubiera traducido al francés.[6]

A estas pocas noticias me es dado añadirle algunas impresiones personales que quizá le sirvan. En 1929 tenía yo el convencimiento de que *Altazor* era una muestra flagrante de la manía fabricadora que padecía Vicente. Creía, basándome en los datos precisos con que contaba a la sazón, que Huidobro lo había estado escribiendo en buena parte por aquellos meses, a la vez que había transformado los textos primitivos, para atribuir el todo a la fecha inicial. Como ve, mi juicio de hace un cuarto de siglo coincidía con el que usted se ha formado al someter a examen el documento literario. Esta impresión se me robusteció a mi vuelta del Perú[7] cuando leí el libro impreso. En su página 65 reconocí, apenas modificado, aunque con otra disposición tipográfica, un poema de estilo periodístico que bajo el título *Venus* y sin referencia ni escrita ni verbal a *Altazor* me había entregado Vicente en el otoño de 1926 para publicarse y en el número 2 de «Favorables» y que supuse compuesto hacia aquella fecha. Le incluiré copia por si no le fuera fácil dar con él.[8]

Le confesaré que, como consecuencia de estas adulteraciones, *Altazor* me parecía un poema como indignificado, espúreo, y que por ello me causaba fastidio. Huidobro me descorazonaba profundamente con su vanidad en éste y en otros campos, que le impedía a mi juicio hacer la obra auténticamente grande. En mi fuero interno le encontraba digno de censura por sus manejos pueriles que ponían en peligro esa verdad trascendental de la Poesía a que rendíamos culto o por lo menos —ya que la suya se manifestaba en entredicho— de aquella a la que había yo confiado mi vida toda. De aquí mi desinteresamiento hacia la suya. Y de aquí, también, que me costara largos años darme cuenta de que, precisamente por las razones expuestas, *Altazor* resulta ser en realidad el poema más «verdadero» de

Vicente, más enteramente a su imagen y semejanza, toda vez que el poeta se veía forzado por su constitución egocéntrica y por sus totalitarismos «creadores» a artificializarlo o «desnaturalizarlo» todo. Antidatar sus escritos con el propósito simple de adjudicarse anticipaciones era tentación a la que no podía resistirse Vicente. Tengo la impresión de que con este fin de reclamar prioridades procuró la publicación que hizo en la revista a que me he referido, por encontrarse entonces sobre algún tapete literario de París problemas como los que dan forma a los últimos cantos de *Altazor* que Vicente atribuía sin el menor escrúpulo a 1919. Lo cierto es que, en vez de engañar a nadie, sólo conseguía desacreditarse funestamente ante amigos y compañeros.

Para estar seguro de la imposibilidad de que en 1919 *Altazor* fuera ni escrito ni imaginado tal como se publicó más tarde, basta a mi juicio confrontar sus últimos cantos con las convicciones estéticas de Vicente en 1921.[9] Tratan sus manifiestos de entonces de la segunda acepción mágica de que son susceptibles los vocablos, independientemente de su sindéresis natural. Esa reverberación extralógica, preocupación del arte moderno en procura de otra especie de lenguaje desde los días de Mallarmé, le impulsaba a la invención de imágenes creadas que predican una situación de opulencia luminosa, propósito suyo a la sazón, y merced al cual se hallaba en lo estético muy apartado de las piruetas del dadaísmo que sólo en 1919 empezó su vida de escándalo en París.

No son estos ideales del Huidobro del 19 los que postula el *Altazor* que conocemos. Se atiene ese poema, sí, al deseo de alejarse lo más posible del lenguaje cotidiano conforme a los principios que Huidobro defendía en 21, mas no lo hace en modo positivo, revelando nuevos horizontes, como todavía *Saisons choisies* o *Automne régulier,* sino negativamente. *Altazor* ostenta en sus grandes líneas una estructura escalonada en cuya ascensión la palabra va evolucionando y, después de una gran elocuencia, como perdiendo lastre y densidad. Hasta un determinado punto de su desarrollo, no desdice el poema de las líneas de los manifiestos creacionistas de su autor. Mas de pronto empieza a advertirse que su clima cambia y que la flora imaginativa, poco ha tan espesa, se enrarece. Las esperanzas precisas que animaban al poeta a desentenderse del habla diaria dejan el terreno a disposición de cierto demonio negativo. Se esquilman poco a poco las imágenes y principian a hacerse presentes las mineralizaciones, por así decirlo, del idioma, las anáforas, las cacologías, las dislocaciones y metátesis. Como el poder creador se ha tornado destructor, podría pretenderse que el antiguo creacionista se ha vuelto destruccionista. El poema se convierte a ratos en letanía mágica monotizadora, cuando no en artificioso trabalenguas cuya virtud principal se dedica ya no sólo a descomponer las relaciones semánticas entre las palabras, sino su misma constitución fonética. El poeta se complace en atormentar y reducir a la nada la vida de los sonidos. Es decir, se entrega a las delicias demoníacas de la absoluta negación, de manera que lejos de mantener encendida la luz imaginaria —auroral— que había en un principio vaticinado, su cosmos lírico se le convierte en un desencadenado pozo de ceros. Finalmente, en el Canto VII, el lenguaje oral se desagrega hasta transformarse en una secuencia de fonemas indistintos, sin ton ni son. Deliberada o inconscientemente, Huidobro apunta sin duda a ese inefable «no sé qué que queda balbuciendo» en la cumbre contemplativa de un San Juan de la Cruz. Mas lo cierto es que, en vez de llegar a la gloria del Logos, la «voz» se ha remitido a la nada que lo niega. El fenómeno es interesante en grado sumo puesto que, negativamente, da testimonio de la realidad de un Lenguaje de ese otro orden no-fonético que reclama ser escrito con mayúscula.[10] Pero es obvio que ello nada tiene que ver con los afanes que inquietaban a Vicente en 1919, que es de lo que se trata ahora.

La conclusión se impone por sí misma: la concepción y gran parte del poema no son del año 19 como su autor asegura. Sobre todo que también son visibles las respuestas a los estímulos de Lautréamont —el canto del mar, por ejemplo—, que empezó a adquirir boga sólo años después, con el Surrealismo, maestro éste en luces negras y en desesperaciones a ultranza.[11] Y ojo: sugestiones políticas como las que se leen en la página 22, intercaladas entre los trozos de 1919 me parecen equívocas sobremanera. A lo que sé, nunca tuvo Vicente preocupaciones de esta índole «proletaria» hasta años más tarde.[12]

Podrían estos recuerdos y reflexiones interpretarse como malevolencias inamistosas contra la figura de Huidobro. No los escribiría si no fuesen elementos a mi juicio necesarios para comprender en su integridad el carácter del poeta y el valor real y positivo de *Altazor,* salvando a ambos de sus propias tramposas redes. Quien atentamente lo analice se dará siempre cuenta, como se la ha dado usted, de que envuelve una impostura que lo desvalora. Encubrirla es, por consiguiente, contribuir a su descrédito. En cambio, visto el poema en su verdad total, sin tapujos, como lo estoy considerando, resulta ser un objeto de poesía excepcionalmente valioso. Aduce testimonio en modo más orgánico y perfecto que cualquiera otra obra poética contemporánea, de la índole del impulso que intenciona las actividades del arte universal en nuestro tiempo e incluso las de nuestra cultura como un ente que se empina hacia un nivel de realidad más alto. *Altazor* describe de un modo por así decirlo onomatopéyico, inarticulado en el lenguaje de las plabras, pero articulado en el estructural de sus cantos, es decir, en un lenguaje de valor intrínseco, la proyección de la conciencia de ser hacia esa sobrenaturalidad a que desde el Romanticismo el hombre occidental se proyecta y que el Surrealismo ha vuelto a poner de moda en nuestros días.[13] Ha de advertirse que Vicente hablaba en sus manifiestos del «hombre-espejo» al que oponía el «hombre-Dios», y que *Altazor* representa la concesión del escenario y de la palabra a este último.

Ahora bien, el hecho de que *Altazor* rompa del modo más absoluto posible el lenguaje del «hombre-espejo», parece ser indicio de que está remitiéndose a su polo contrario y que lo que pretende definir alusivamente con su negación plena es la Palabra del Verbo en la esfera divina, por ser éste de los signos el único modo en que su ambición totalitaria puede hacerlo. No pasa el fenómeno de ser un aspecto de la *vía negativa* preconizada hace milenio y medio por seudo Dionisio Areopagita.[14] Quiere ello decir que, descartando los logros de su poesía anterior, las codicias del poeta se han alzado hasta el extremo límite que sus negaciones materiales le consienten. De este modo, a la vez que con sus engaños infantiles, define el estado de humanidad característico de nuestros días, impotente aún en ciertos aspectos, anuncia la contigüidad, es decir, pronostica el Advenimiento del Verbo propio de una conciencia superior, razón de la poesía huidobriana. No deja de ser hondamente curioso que el lema quizá fundamental de su creacionismo («El poeta es un Dios; no cantes la lluvia, poeta, haz llover»), que por cierto tomó de un poeta indígena aymará, se concrete directamente con el espíritu de profecía sobre el que se funda la conciencia de nuestra cultura judeo-cristiana. Porque en el lenguaje del profeta Elías —según el libro de los Reyes— y de los que tras él vinieron, el término «llover» designa la efusión de la palabra de Jahweh. Lo que, si se analiza hasta el fin, tiene tremenda miga.[15]

¿Cómo culparle a Vicente, afirmado en su conciencia polar de ser hombre, que no consiguiera sus ambiciones teológicas de un modo positivo? Lo único que a su estado de subconciencia le era dado es referirse a esa realidad artificiosamente, por medio de un ritual poético; en modo alguno alcanzarla. Así la Palabra se le desvanece en lo inefable. Pero de este modo, dejándolo ver, aunque sin pretenderlo, parece muy probable que la profetiza. Por mi parte, creo tener razones para dar esto último por cosa segura. Los demás también lo verán, si no padezco grave engaño.[16]

Se comprende mucho mejor la realidad psicológicamente viva de Huidobro cuando se compara su trayectoria poética con la que por su cuenta ha seguido la pintura. Tampoco a este arte, a pesar de los afanes creadores que desvelan a los «pequeños dioses» que pretenden ser los artistas desde los días de Apollinaire, les ha sido posible pasar de la deshumanización significada por el arte no-representativo que compone sus cromodramas según el estado de espíritu en que el artista se contempla. Es el de la pintura un arte que hoy por hoy tiende todavía más y más a desprenderse del lenguaje de las apariencias reales —no sólo a romper, como lo hizo el cubismo, el «hombre-espejo», sino a eliminarlo—, y no sabiendo qué decir de un modo positivo, asienta su razón de ser en la nada o en lo casi nada. Llegan las manifestaciones artísticas hasta donde alcanza el artificio propio del concepto de ser que se formula en la conciencia antropológica de nuestro siglo.[17] ¿Y acaso no es éste de la pintura un fenómeno equivalente al experimentado por la poesía y definido de un modo personificado en la No-Palabra de *Altazor*? Ciertamente, en este reino de las realidades supremas no parece que pueda negársele al poema de Vicente un valor trascendental. Es como una enredadera de palabras tejidas trepadoramente en torno de la columna vertebral de nuestra época. Palabras finales, testamentarias, de última extremidad, como esa flor altísima que emiten por única vez algunas plantas americanas al cabo de siglo y medio, inmediatamente antes de morir. Así, de modo admirable por su elocuencia:

> Se abre la tumba y al fondo se ve el mar.
> Sube un canto de mil barcos que
> se van
> En tanto un tropel de peces
> Se petrifica lentamente.[18]

Le confesaré asimismo que muchas veces no le perdonaba yo a Vicente su limitación. Le echaba en cara que no hubiera sabido llevar la razón teórica de su literatura a la práctica, embarcándose, embarcando su propio ser en la aventura poética a fin de que ésta le condujera a sus consecuencias últimas, es decir, hasta alcanzar la verdad en sí que indicaba el Canto VII de su poema mediante la negación del verbo propio de la conciencia primordial. Mejor que balbucear palabras ineficazmente rituales, hueras, era callarse «como un muerto». Pero eso requería dar un salto mortal psicológico que a Vicente no le tocaba presentir ni menos arrostrar, conformándose en él la imaginación con señalar el objeto mediante un repertorio de ilusiones tan falsas en apariencia como verdaderas, en cuanto trasuntos significativos, en el fondo.[19] A tal grado era en él esto así que cuando tuvo noticia de ciertas interpretaciones propias ya de un estado de conciencia en acuerdo esencial con el testimonio que profería su literatura, fue incapaz de percibirlas. Se hallaba empecinado en sus materiales evidencias hasta el punto de no poder vislumbrar el reinado de otra luz que no fuera la artificial de sus manipulaciones. Es decir, no le incumbía comprender las cosas que discierne esa «otra luz» digamos intraatómica en el orden de la razón imaginativa o esencial, que justifica las vicisitudes, si no insensatas, del arte moderno desde Mallarmé al Surrealismo, incluyendo, claro está, en la partida a Joyce.[20]

Precisando un poco los conceptos antes insinuados: en el orbe de las cosas poéticas, *Altazor* es un poema escatalógico, de Apocalipsis, como lo era también *Ecuatorial.* Se refiere a una personalidad cósmica, tan de Anticristo como la de Nietzsche, que por eso entra en escena jactándose de haber nacido el día de la muerte de Cristo. De tal manera niega el Espíritu de la profecía cristiana que su nombre se ha complacido en caracterizarse con el *azor* o gavilán que engulle el símbolo de la *paloma* quizá al modo como se lo traga en el poema «Anaké», de Rubén —y como Leviatán se lo traga en la parábola de Jonás—.[21] Pero así, mediante su ceguera espiritualizada, está ofreciendo testimonio profético de la Luz nueva. Esto me parece en extremo importante. Y advierta cuán lógico resulta dentro del equilibrio o justicia en este orden de realidades metafísicas que, conforme al itinerario de *Altazor,* la obra de Huidobro rodara por la otra vertiente abajo haciéndose cada vez más oscura y sin esperanza, más frustrada y sin salida para venir a parar salmodiando sus magias negras en el lecho de una poesía a la que él mismo, según la carta suya que le comuniqué, consideraba cadáver.[22] Es la tragedia correspondiente al peldaño que ocupaba su estado de conciencia, incapaz de sobreponerse a la razón individualista que sólo consiente la magnificación superlativa de lo individual hasta convertirlo y convertirse en una momia sin límites.

Me asalta a estos propósitos el recuerdo de un detalle que me parece de interés positivo. Al que en ello pare mientes puede parecer extraño y hasta muy significativo que la *Antología* de Huidobro editada por Zig-Zag en 1945, es decir, el último de sus libros impresos en vida, publique en forma como de apéndice en su página 273 un poema aislado cuya presencia en ese lugar no se justifica.[23] Se titula «Edad negra», y sus versos, por decirlo de algún modo, amasan una especie de pan como de hollines de muerte con levadura de fuego fatuo. Se diría una suerte de Adiós supremo, de Testamento o última Voluntad al borde de un universo-tumba, por el que, cabría sostener, el poeta declara lo que su poesía como un todo tiene de negativo, pues que termina diciendo:

Guárdate, niño, de seguir tal ruta.[24]

¿Qué ruta? Sin duda la de nuestra Edad Negra, la de nuestro tiempo en un principio por él tan glorificado, la de su poesía que relampaguea mortíferamente en esa tenebrosa edad en que ha venido precipitándose en el vacío. En otra carta suya me afirmaba —contra mi creencia de entonces y la de ahora, porque el poeta verdadero no habla, sino que «es hablado»— que su «¿No oyes clavar el ataúd del cielo?» de *Tremblement* [25] se refería a la muerte de Dios. Aquí las cosas se manifiestan a luz distinta. Esa sepultura cósmica y esa muerte son, sin duda, las presuntuosas de *Altazor,* sombra desdoblada de Vicente Huidobro, «hombre-Dios», de su inconciencia egolátrica y de la época de transición a que corresponde su estado de anti-Espíritu. Su fallecimiento personal parece haber venido después a corroborarlo. Por consiguiente, podría sospecharse que ese su Testamento advierte a la infancia actual y la exhorta a que emprenda diferente camino, tal vez aquel que se abre donde la imaginación da en el poeta por terminada su misión oscura.[26] El sentido resulta tan natural, tan generoso y rico que cabría conjeturar que Huidobro dispuso las cosas con deliberada intención. Sin embargo, ocurre que poseo razones personales para pensar por mi parte que no fue así y que si ese hermoso sentido existe en realidad, como parece, débese a que se ha expresado «espontáneamente», por «azar», sin que el poeta se diera cuenta. Porque presumo que dicho poema debió ser añadido al final de la *Antología* a resultas de las siguientes circunstancias banales:

Aunque dice allí, al pie de «Edad Negra», que es éste un poema inédito, lo cierto es que a mi solicitud de original para *Cuadernos Americanos* me lo mandó junto con otros, y se publicó en esa revista en primero de marzo de 1944. Supe por casualidad meses después que Juan Ramón Jiménez se había expresado de dicho poema con mucho elogio, noticia que le transmití a Vicente suponiendo que le agradaría por lo muy inesperada. Me parece que este encomio debió ser lo que le indujo a Vicente a añadir el poema a la *Antología* que por lo visto se encontraba en prensa, con una mención, mentirosa una vez más, para disimular el porqué. Genio y figura...

Lo extraordinario es que así, merced a sus ficciones, ese Verbo reprimido por su razón, pero del que había dado testimonio por ello antitético, disponía *à son insu* su Testamento. ¿Qué le parece? Por mi parte estimo que todo ello es digno de la maravilla poética en la que, no obstante sus limitaciones naturales, Vicente había creído y en cuyo servicio había renunciado a las satisfacciones de una vida acaudalada, indisponiéndose a la vez con todos los poetas que prosperaban en un plano poético distinto al que él laboraba conscientemente, hasta acabar incomprendido, menospreciado. Claro que todo ello presupone la operación de una potencia y orden de vida que muy pocos hoy por hoy serán los dipuestos a reconocer como existentes. Pero como estamos más allá de la Edad Negra, en el umbral de un Mundo Nuevo, esta es cosa que de ser verdad ya se irá manifestando.

Puesto que me ha sumido en estas honduras confidenciales y pensando que puede ser beneficioso para su trabajo, he de insistir resumiendo cuentas: Por el conjunto de razones indicadas, *Altazor* me parece un poema de orden excepcional, pieza mayor de la poética de nuestro tiempo tan necesitado de Sentido. Su artificialidad misma es en él sustancial porque traduce no sólo la artificialidad de Vicente, sino la de nuestros días fabricadores de artilugios y embustes. Da testimonio augural del Espíritu que unos y otros teníamos de un modo o de otro confinado a la no-existencia. Por otro lado, *Altazor* se encara con esos problemas auténticamente esenciales que la totalidad de los escritores de nuestra lengua —repase usted la nómina— ni siquiera han vislumbrado. Para quien bien lo entienda, su sinrazón aparente y temeraria se encuentra en el fondo cargada de Razón. Es precursor, ciertamente, profeta del Espíritu Nuevo. Y he aquí, sin duda, el porqué del impulso que, ignorando la verdad, le llevaba irracionalmente a Vicente a proclamarse precursor en todo. Declara la inminencia de una realidad que sólo es capaz de definir en contraste opuesto, conforme a la dialéctica de las evoluciones. Mas por ello basta someter el testimonio de *Altazor,* como los negativos fotográficos, a una operación de «negación de la negación» para comprender el Espíritu que encierra, esto es, para que devuelva la *paloma* que engulle. Nada importa que la «creación» de Vicente Huidobro sea simplemente «artificial» como fueron los paraísos baudelerianos, y que su ambicionado «hacer llover» mediante «hechicería» se haya convertido por lo pronto en sequedad rijosa. Anuncia en estos albores universales la necesidad y, por tanto, la proximidad de «la Palabra», de «la lluvia», al modo de esa «pequeña nube como la palma de la mano de un hombre, que sube de la mar», de la que habla la parábola de Elías.[27] Todo Vicente se concentra ahí. Pese a sus penurias infantiles en diversos campos y de sus debilidades —incluso literarias— su mensaje es un mensaje de fondo o entraña poética, más universal e importante en cierta esfera trascendental que el de los demás poetas en lengua española de las generaciones en vida, algunos de los cuales poseen otras altas virtudes.

Termino, que ya es hora, no sabiendo si pedirle perdón por lo «licencioso» de mi desahogo para mí mismo inesperado. En fin, como se encuentra usted ahora embebido en Huidobro, imagino que estos temas, si no le perturban demasiado, le darán qué pensar. Ojalá le sean fecundos.

Mis cosas adelantan con lentitud inexorable, pero bien. Reservan hondas sorpresas.

No deje de preguntarme lo que quiera. Otra vez seré más discreto.

Saludos muy amistosos.

JUAN LARREA

Al texto de esta carta sigue el de «Venus», tal como aparece en el número 2 de *Favorables París Poema,* octubre de 1926, página 6.

Noche trae tu mujer de pantorrillas que son floreros de hortensias jóvenes remojadas de color.

Como el asno pequeño desgraciado la novia sin flores ni globos de pájaros.

El otoño endurece las palomas presentes. Mira los tranvías y el atentado de cocodrilos azulados que son periscopios en las nubes del pudor. La niña en ascensión al ciento por ciento celeste lame la perspectiva que debe nacer salpicada de volantines y de los guantes agradables del otoño que se debatía en la piel del amor.

VICENTE HUIDOBRO

La versión de estos versos que aparece en *Altazor* se encuentra en el Canto IV, al final de la página 396 y principio de la 397:

Noche préstame tu mujer con pantorrillas de florero
[de amapolas jóvenes
Mojadas de color como el asno pequeño desgraciado
La novia sin flores ni globos de pájaros
El invierno endurece las palomas presentes

Mira la carreta y el atentado de cocodrilos azulados
Que son periscopios en las nubes del pudor
Novia en ascensión al ciento por ciento celeste
Lame la perspectiva que ha de nacer salpicada de volantines
Y de los guantes agradables del otoño que se debate
[en la piel del amor

Esta carta de Juan Larrea me parece muy importante para el estudio de la poesía de Huidobro, y de modo especial para *Altazor*. Aunque algunas afirmaciones y especulaciones de Larrea pueden perturbar, como él mismo sugiere, a lectores no acostumbrados a sus vuelos imaginativos, creo que nadie puede negar que, como también observa el autor, les dará que pensar. Por mi parte, creo que a la luz de lo dicho en este texto se imponen ciertas tareas a los estudiosos de literatura hispanoamericana.

La primera obligación que impone la carta de Larrea es tomar en serio al poema *Altazor* como obra de primera categoría de la literatura hispánica de este siglo, y de estudiarlo de manera completa y seria, desde el aspecto textual, biográfico, histórico y crítico, como en el libro de Vargas Llosa sobre Gabriel García Márquez. El caso no es para menos. En el caso de *Altazor,* en vista de las circunstancias y de la dificultad del texto y los problemas que ofrece su historia, esta tarea tendrá que ser de índole colectiva; tampoco podrá improvisarse de la noche a la mañana.

Saltan a la vista dos tareas previas no fáciles: una historia textual de la elaboración de *Altazor,* desde los primeros borradores de lo que acaso se llamaba *Un voyage en parachute,* que aclare entre otras cosas las relaciones entre textos franceses, traducciones de éstos al español, y textos redactados directa y originalmente en español, y un estudio detallado de las posibles relaciones entre *Altazor* y el estado de la poesía, sobre todo de lengua francesa, entre 1924, comienzo oficial del movimiento surrealista, y 1931, fecha de publicación del texto final, incluyendo, como mencionamos en nota, las posibles relaciones entre *Altazor,* Mallarmé, Lautréamont y Rimbaud. Creo también que no se llegará a un estudio completo de *Altazor* sin prestar por fin la atención que se debe a *Temblor de cielo,* texto estrechamente relacionado con

Altazor, como supone Larrea en la carta, y que está prácticamente sin estudiar.

En cada uno de los dos proyectos necesarios que acabo de mencionar hay trabajo para un equipo de investigadores; el posible éxito del proyecto textual dependería, claro está, de la consulta de manuscritos y otros papeles, si existen, en manos de familiares y amigos de Huidobro y de la cooperación de éstos.

Aunque llegáramos a solucionar estos y otros problemas preliminares, está claro que no habríamos hecho más que comenzar el estudio de esta obra. Pero algo es algo. Si se pudiera empezar a estudiar en serio, de manera organizada y consecuente, la obra más importante de Vicente Huidobro, entonces la publicación de esta carta de Juan Larrea acabaría teniendo, como él consideraba posible al redactarla en 1954, resultados fecundos.

NOTAS

[1] La carta de 1954 se publicó en RI, núms. 102-103, de 1978, pp. 165-182.

[2] Publicó la carta con el permiso expreso del poeta (carta fechada en Córdoba, Argentina, el 14 de marzo de 1971).

[3] Es probable que se refiera entre otras cosas a la redacción del libro *Razón de ser* (México, Cuadernos Americanos, 1956) y de la «Carta abierta a Jacques Lipchitz» que citamos en el capítulo I.

[4] En la carta de 14 de marzo de 1971 Larrea rectifica esta afirmación: «La publicación del primer trozo del poema en España se realizó quizá en *La Correspondencia de España,* que era el diario donde trabajaba Cansinos-Assens, y no en *El Imparcial,* como le decía por error. No estoy seguro que su publicación ocurriera en 1919. Podría haberse efectuado en 1921. (¿En *La Correspondencia*? ¿En *El Imparcial*?) Se titulaba *Altazur.*» Veremos más adelante que *Altazur* podría haber sido el título no de la obra total sino del fragmento que según Larrea se publicó en España.

[5] Mi amigo Roger Utt, a quien doy las más sentidas gracias, ha buscado este texto sin resultados en los «Lunes» de *El Imparcial* de 1919, 1920 y 1921, sin poder ver los «Lunes» de 21 de agosto y 18 de septiembre de 1921. Tampoco encontró el fragmento *Altazur* en *La Correspondencia de España.* Busqué el texto personalmente en 1978, sin éxito. Pero Utt sí encontró en un número de 1919 un texto de indudable interés para el tema, que publicamos y comentamos en el capítulo III.

[6] En la carta citada de 1971 Larrea añade: «La revista de Ribemont-Dessaignes se titulaba *Bifur.* Tuve oportunidad de consultarla posteriormente en New York y no encontré el poema. Debió salir en otra revista, quizá la de G. Bataille, cuyo título no recuerdo ni tengo modo de averiguarlo.» Es probable que esto refiera al número 027/4 de Hey. La revista es *transition,* y el texto es un fragmento en francés del canto IV; la fecha es junio de 1930. No sabemos si este fragmento en francés representa o no parte del texto original, o si se trata de una traducción del español al francés. Esto útlimo parece más probable en vista de que ya en 1928-29 el autor le leyó a Larrea varios trozos del poema en español. Pero todo esto de la lengua de la versión original y del momento en que Huidobro puede haber dejado de escribir *Altazor* en francés

para empezar a redactarlo directamente en español, son puras conjeturas sin nuevos datos textuales.

[7] Larrea volvió a fines del verano de 1932 de un largo viaje al Perú; ver Bary, 1976, pp. 99-103.

[8] Se trata, naturalmente, de la revista *Favorables París Poema,* que publicó Larrea con César Vallejo en París en 1926. El número dos (y último) se publicó en octubre de aquel año.

[9] Larrea se refiere de modo específico a la conferencia «La poesía», leída en el Ateneo de Madrid en diciembre de 1921, momento en el cual Gerardo Diego y su amigo Larrea conocieron personalmente al maestro, con quien Diego ya había iniciado una correspondencia. Parte de esta conferencia se publicó en *Manifestes*; se consulta ahora en OC, I, 654-656.

[10] Para Larrea, los fenómenos culturales e históricos «hablan». *Lenguaje* con mayúscula es para Larrea la expresión de movimientos culturales colectivos e inconscientes en los cuales participan las personas sin darse cuenta de ello, por lo menos en la mayoría de los casos. Gracias a una serie de experiencias personales y a sus estudios de historia de la cultura Larrea se ha convencido de que los sucesos históricos son algo así como la expresión teleológica de una especie de inconsciente-colectivo, que estos sucesos se organizan espontáneamente en contenidos hasta cierto punto comparables a los contenidos míticos o poéticos, y que estos contenidos, colectivos, impersonales y con frecuencia inconscientes, pueden leerse por modo de exégesis poético o simbólico, como se analizaría un sueño. El «vocabulario» de este Lenguaje no-fonético es, desde el punto de vista habitual, heterogéneo: incluye la palabra, hablada, escrita y oída en sueños, pero también toda clase de representaciones plásticas, artificiales o naturales, y los sucesos reales o legendarios. Su gramática, por así llamarlo, es, como vimos, la de los sueños o de las manifestaciones muchas veces herméticas del arte moderno. El fenómeno incluye, desde luego, toda clase de manifestaciones artísticas, y en modo especial la poesía de altura, como la de Vallejo o de *Altazor*; y no es ajeno a aquellos fenómenos que la tradición cultural de Occidente resume bajo el nombre de Verbo de Dios, tal y como funciona aquella entidad en los textos proféticos judeo-cristianos. Larrea empieza a referirse al funcionamiento de este Lenguaje a partir de su artículo «Profecía de América» (1938), escrito a raíz de la muerte de César Vallejo, y desarrolla su método en numerosos ensayos posteriores, entre los cuales nombraremos aquí *Rendición de espíritu* (1943), *Surrealismo entre viejo y nuevo mundo* (1944), *The Vision of Guernica* (1947) y *La espada de la paloma* (1956). Ni qué decir tiene que para Larrea, las obras de arte de verdadera calidad forman parte, con o sin el conocimiento de los artistas, de este Lenguaje, o apuntan a él en forma positiva o negativa, como cree que es el caso de *Altazor*.

[11] Aunque no pienso meterme en la cuestión de la posible presencia de determinados aspectos de la obra de Lautréamont en *Altazor,* punto que merecería un estudio propio, quisiera señalar rápidamente que hay posibles reminiscencias textuales de ciertos pasajes famosos de los Chants de Maldoror en los Cantos II y III de nuestro poema. Se trata de las famosas comparaciones encabeza-

das por la frase «beau comme...» que se encuentran en varias partes de los Cantos V y VI de la obra del uruguayo («Beau comme la loi de l'arrêt de développement de la poitrine chez les adultes dont la propension à la croissance n'est pas en rapport avec la quantité de molécules que leur organisme s'assimile...», Canto V, estrofa segunda). En *Altazor,* sobre todo en el Canto III, existen unas series de comparaciones encabezadas por «triste como» y «hermoso como» que bien podrían revelar la presencia de Lautréamont. (*Obras completas,* 397-398, por ejemplo.) Por otra parte, el personaje rebelde a escala cósmica que es el protagonista de *Altazor* merecería estudiarse cn relación con el otro personaje hasta cierto punto semejante que es Maldoror —nótese la semejanza de los nombres— como también debería estudiarse en relación con el yo poético que se expresa en ciertas obras de Rimbaud: no olvidemos tampoco la posible relación entre los títulos *Une saison en enfer* y *Un voyage en parachute.* Estos estudios deberían efectuarse, como sugiere Larrea en su carta, en el contexto de las posibles relaciones entre el texto publicado de *Altazor* y la situación de la poesía en París entre 1924 y 1931, incluyendo pero no limitándose a la historia del surrealismo y de las fortunas de sus santos patrones, por ejemplo Lautréamont y Rimbaud. Nótese con relación a Rimbaud que se había vuelto a poner de moda por esos años que menciona Larrea (1928-29) gracias a la boga del surrealismo y también a la publicación del libro *Rimbaud le voyant* (1929), de A. Rolland de Renéville, donde se dio a conocer la famosa «Lettre du voyant».

[12] Se refiere Larrea a los siguientes versos del Canto I, que aparecen ahora en la p. 371 de *Obras completas,* I: «Soy yo que estoy hablando en este año de 1919 / Es el invierno / Ya la Europa enterró sus muertos / Y un millar de lágrimas hacen una sola cruz de nieve / Mirad esas estepas que sacuden las manos / Millones de obreros han comprendido al fin / Y levantan al cielo sus banderas de aurora / Venid venid os esperamos porque sois la esperanza / La única esperanza / La última esperanza.»
Parece cosa segura que estos versos no datan como reza de 1919, sino que fueron intercalados años después, no sólo por los sentimientos expresados sino también por el estilo.

[13] Véase sobre esto los capítulos iniciales de Larrea: *La espada de la paloma* (México, 1956), continuación del libro inédito dedicado al tema aludido en esta frase de Larrea, *Signos de vida* (1945-1951), escrito en México y en New York.

[14] Dionisios Areopagita: *Los divinos nombres,* IV, 3; *Teología mística,* II y III. Lo Divino, siendo una categoría trascendental, más allá de toda descripción, no se puede nombrar sino en términos negativos; de aquí que según la tradición cristiana la blasfemia se asimile sin querer a la plegaria. Compárese el concepto budista de *sunyata.*

[15] A partir de I Reyes 17. En la imposibilidad de resumir en este lugar las consecuencias que de esto saca Larrea en su análisis, remito al lector a sus libros *Razón de ser* (México, 1956) y *Teleología de la cultura* (México, 1965).

[16] Ver como punto de partida Bary, 1976, pp. 19-26, o los textos de Larrea citados en la nota 15.

[17] Ver sobre esto LARREA: *Pintura y nueva cultura,* en LARREA y HERBERT READ: *Pintura actual* (Córdoba, Argentina, Universidad Nacional, Facultad de Filosofía y Humanidades, 1964). Otros textos fundamentales de Larrea sobre las artes plásticas son *The Vision of Guernica* (New York, 1947) y «Open Letter to Jacques Lipchitz», *College Art Journal,* XIII, 4, Summer, 1954, pp. 251-288.

[18] OC, I, 407, fragmento del Canto V.

[19] «Imaginación», aquí como en otro pasaje de esta carta (nota 26), se concibe como una fuerza extrapersonal que funciona dentro de la personalidad cuando quiere, por así decirlo, pero sin el control del individuo. Se relaciona por lo tanto con el concepto de Lenguaje ya mencionado en la carta y tratado brevemente en la nota 9.

[20] Se refiere Larrea a sus propias ideas sobre el proceso teleológico de la cultura, que Huidobro, al parecer, no entendió. No tengo noticias concretas sobre el asunto.

[21] «Parábola de Jonás», como se sabe, es una de las maneras tradicionales de referencia al Libro de Jonás, episodio bíblico que casi siempre se entiende en su dimensión mítica. Jonás, que en términos judeo-cristianos es una figura alegórica que representa al Verbo de Dios, es fácilmente asimilable a los héroes míticos que bajan al reino tenebroso en busca del tesoro, o sea, para renovar la conciencia cultural librando contenidos inconscientes que den vida nueva a una conciencia cultural estancada. «Vientre del pez», «mar tenebroso», «noche oscura del alma», «cueva del dragón», y otras figuras por el estilo, representan el aspecto negativo del arquetipo del inconsciente. (Véase CARL GUSTAV JUNG: *Symbols of Transformation* (Princeton University Press, 1956), part II, chapter VI; JOSEPH CAMPBELL: *The Hero with a Thousand Faces* (New York, 1949, pp. 90-94); y para Larrea, mi *Larrea...,* pp. 165-66. «Anaké», el poema de Darío mencionado en la carta, es de *Azul*; allí hacia el final la paloma, feliz, porque «el alba es mi fiesta / y el amor mi ejercicio y mi batalla», es tragada por «un gavilán infame», mientras allá en el cielo el buen Dios arruga el ceño y medita y Satán aplaude al gavilán. Larrea asimila el incidente al arquetipo que acabamos de mencionar; el Espíritu de Dios toma la forma de paloma, como se sabe (San Mateo, 3, 16, bautismo de Jesús), y es asimilable igualmente al Verbo de Dios engullido y luego vomitado por el pez en la parábola de Jonás.

[22] Ver el capítulo I, nota 18.

[23] La antología citada dice «prólogo, selección, traducción y notas de Eduardo Anguita». Pero algunas notas parecen ser de Huidobro mismo (véase la p. 272, por ejemplo). Por esto y acaso por otros datos que le pudiera haber comunicado el propio Huidobro, Larrea parece estar plenamente justificado al suponer que la inclusión del poema «Edad negra» en el sitio mencionado se debe a una decisión del poeta mismo.

[24] «Edad negra» se lee ahora en OC, I, 591-93.

[25] *Temblor de cielo,* texto en español, salió en Madrid en 1931. El texto francés, «Tremblement del ciel», «versión francesa por el autor», según Hey (026a), vio

la luz en París en 1932. Huidobro da como fecha del texto español 1928, año en que, según Larrea, escribía *Altazor* en español. Ignoro por qué cita Larrea el título de este libro en francés; no sé si esto implica que él había conocido esta obra primero en versiones primitivas francesas. El punto merece aclararse con relación a la cuestión de la lengua original de *Altazor,* pero nunca pude consultar a Larrea sobre esta cuestión antes de su muerte.

[26] Véase la nota 19 sobre el concepto de «imaginación» que funciona en esta carta.

[27] I Reyes 18, 41-43.

CAPÍTULO III

SOBRE LOS ORIGENES DE *ALTAZOR*

Es evidente, a pesar de la fecha de 1919 que ostenta la portada de *Altazor,* que en realidad dicho texto evolucionó lentamente a través de muchos años antes de llegar a la forma definitiva que conocemos. Me parece que hay por lo menos cinco problemas fundamentales relacionados con los orígenes y desarrollo del texto:

1) el de la lengua en que se redactaron las diversas etapas del poema;
2) el de los títulos del poema y de lo que puedan significar para los orígenes y situación del texto;
3) el de si el proyecto original puede haber sido el de un poema en prosa;
4) el de la circunstancia literaria y cultural a que responde la elaboración y evolución entre 1919 y 1931 del texto que conocemos;
5) el de situar, entre las cumbres de cierta tradición de poesía moderna, esta historia de un personaje rebelde a escala cósmica con rasgos de audacia y de *je m'en foutisme* característicamente adolescentes, que cae angustiado al vacío del infinito que busca y que teme, y para cuya expresión ensaya en vano una aproximación al verbo absoluto.

Creo aportar algún dato hasta ahora inadvertido y unas conjeturas inéditas hasta hace poco, pero hablo esencialmente, respecto al texto de *Altazor,* desde una posición de ignorancia, situación lamentablemente usual cuando se trata de estudiar los pormenores biográficos y bibliográficos de muchos escritores hispanoamericanos.

Empezaremos con la cuestión de la lengua. Los datos conocidos indican que la lengua primitiva del poema, por lo menos en sus textos iniciales, era la francesa. El número 027/1 de la bibliografía de Hey cita un texto en español publicado en 1925 con la indicación «Traducción de Jean Emar». Se trata de un fragmento del prefacio. En cambio, los dos fragmentos de 1926 que cita Hey (027/2, 027/3) están en castellano, sin indicación de traducción. Uno de ellos, el poema «Venus», fue entregado por el autor a Juan Larrea para *Favorables París Poema* como original en castellano y sin mención de que formase parte del poema que ahora conocemos como *Altazor.* Los dos fragmentos pasan a formar partes del Canto IV. El último fragmento mencionado por Hey, el 027/4, también es del Canto IV. Fue publicado en París, en 1930, en francés y sin indicación de que estuviese traducido del español. Así, los textos anticipados del Canto IV indican el uso predominante o exclusivo del castellano, si es que el fragmento de 1930 es en realidad, como parece probable, una traducción. Parece probable, pues, que el prefacio se redactó originalmente en francés, pero que en el momento de escribir el Canto IV Huidobro hubiera cambiado de lengua. No sabemos a ciencia cierta cuándo tuvo lugar este cambio, pero veremos que hay algunos datos que ayudan en parte a empezar a aclarar el asunto.

En cuanto al título de la obra, supongo que la mayoría de los estudiosos creía hasta hace poco que el poema se titulaba originalmente *Altazur. Altazur* es el título del fragmento de 1925 citado por Hey. En la página 99 de la primera edición de *Vientos contrarios* (1926) se lee *Altazur* en la frase «Aquí he escrito el capítulo quinto de mi Altazur»; y la palabra *Altazur* aparece también al principio del libro en la lista de obras próximas a publicarse. Es lamentable, dicho sea de paso, que en las *Obras completas* de Huidobro (1963) se haya «corregido» el texto del fragmento *Silvana Plana* para que ahora se lea «Aquí he escrito el capítulo quinto de mi *Altazor*». Es algo que falsifica el texto de *Vientos contrarios* como también la historia textual de *Altazor.*

Sabemos, pues, que el cambio de título vino después de la publicación de *Vientos contrarios.* Sabemos también, gracias a los recuerdos de Juan Larrea, que en 1928, cuando Huidobro volvió a París con Ximena, el chileno le dijo que *Altazur* ahora se llamaba *Altazor* y que Huidobro empezó a leerle trozos del poema que Larrea suponía compuestos a la sazón. La primera mención pública del nuevo título parece ser la del fragmento de 1930, que se titula así. Esto hace más que probable que dicho fragmento, publicado en francés, sea efectivamente la traducción de un original español. *Altazur,* por su forma, por su historia y por las consabidas asociaciones mallarmeanas, parece corresponder a la etapa original de lengua francesa, al paso que *Altazor,* inventado a base de elementos de lengua española, se asocia con la última etapa, la de la obra redactada definitivamente en castellano. Así es que la evidencia de lengua y títulos parece indicarnos provisionalmente que el texto definitivo empieza a perfilarse sólo después de 1926 y, sobre todo, a partir de 1928.

Pero no hemos terminado de hablar de los títulos, pues la evidencia que ahora poseemos hace pensar que esta obra no tuvo dos títulos, sino tres. Veamos el asunto. En sus cartas de 1954 y de 1971, ya citadas, Juan Larrea afirma que se publicó en Madrid, entre 1919 y 1922, un fragmento del texto primitivo, quizá del Canto I, o en los lunes de *El Imparcial* o en *La Correspondencia de España,* diario en el que trabajaba Cansinos-Assens, amigo y propagandista infatigable de Huidobro. Dicho fragmento se titulaba, dice, *Altazur.*

En 1976 mi amigo Roger Utt buscó este fragmento en vano; me pasó lo mismo en 1978. Pero Utt sí encontró, por su cuenta, pues no conocía la bibliografía de Nicholas Hey, un texto sumamente interesante que resulta ser el número 445 de dicha bibliografía, titulado «Vicente Huidobro». Se debe a la pluma de Cansinos-Assens, con fecha de 24 de noviembre de 1919. Reza así:

> Cumplido precisamente un ciclo anual, como pocos fecundo, en la astronomía lírica de su último tránsito por Madrid, en que nos trajo la singular aportación de su *Horizon carré,* vuelve a hallarse presente entre nosotros, de paso para París, el gran poeta chileno Vicente Huidobro, el creador con Pierre Reverdy del interesante modo lírico denominado *creacionismo.* Vicente Huidobro vuelve oportunamente, cuando el anhelo de renovación suscitado en nuestra lírica por sus últimos libros fructifica en una adopción numerosa, prestando su más infalible contraste y su más valioso modelo al movimiento innovador surgido entre nosotros con el lema indeterminado *Ultra.* El poeta que repite con más virtud propia el milagro rubeniano ha superado sus osadías líricas de *Ecuatorial* y *Poemas árticos,* evitando el peligro de una regresión, aventurada y presentida por algunos, y es portador de un libro todavía inédito, *Voyage en parachute,* en que se resuelven arduos problemas estéticos. Huidobro se propone fundar en París una revista literaria que adoptará un lábaro tan antivesperal como es presumible.

Aquí, en la prosa bizantina de Cansinos, nos encontramos con la primera mención de la mala voluntad que existía contra Huidobro entre algunos de sus imitadores ultraístas, de la revista *Creación* y de *Altazor,* caracterizado este poema además en una de sus dimensiones esenciales, la de los «arduos problemas estéticos». Cierto, este párrafo podría ser el origen del recuerdo de Larrea, aunque éste habla de haber visto no un artículo sobre Huidobro, sino un trozo de un poema de Huidobro. La existencia de la nota de Cansinos no excluye en modo alguno una publicación madrileña de tal fragmento, incluso podría argüirse que esta nota hace más probable la publicación que recuerda Larrea.

Nuestra nota confirma la idea de que la lengua original del poema era la francesa, pero lo más interesante es el título, *Voyage en parachute,* sin mención de *Altazur.* ¿Simple descuido del cronista? Nótese que Cansinos no era un periodista vulgar. Conocía bien la obra de Huidobro y citaba sus escritos y sus títulos con exactitud en todos sus artículos dedicados a nuestro poeta. Al leer el fragmento pensé que tendríamos que aceptar la posibilidad de que el subtítulo de la obra definitiva haya sido en un principio el título principal. Luego noté que el citado fragmento de 1925 (Hey 027/1) se titula, según la transcripción de Hey, de la manera siguiente: «Altazur. Fragmento de Un viaje en parcaídas. Traducción de Jean Emar». Leyendo esto de manera literal, con la U mayúscula de Un, así como viene impreso, tuve la sorpresa de encontrar, en 1925, el mismo título principal que en la nota de 1919. Está traducido al español, pero ahí está: [*Un*] *Voyage en parachute.* Según esto, *Altazur* habría empezado siendo el título no de obra sino de una parte. Me parecía que Huidobro había tardado años, precisamente hasta 1926, antes de darle a la obra como título principal el nombre del protagonista.

Así las cosas, charlé en Madrid, el 4 de mayo de 1978, con Gerardo Diego. Estábamos hablando del fragmento de *Altazor* que Larrea recordaba haber visto en un diario madrileño cuando Gerardo me dijo de modo absolutamente espontáneo y sin que yo hubiese mencionado la cuestión de los títulos del poema, que en 1921, cuando lo conoció en el Ateneo de Madrid, Huidobro le habló de un libro inédito titulado *Voyage en parachute,* título que mencionaba sin variar en esa época. Esto me parece, en definitiva, probatorio.

El título *Un voyage en parachute* me parece muy significativo. Encabeza una obra, existente en 1919 como proyecto y quizá en algún fragmento, y concebida en lengua francesa el mismo año en que unos jóvenes franceses, que con el tiempo llegarían a ser el núcleo del grupo surrealista, hacen sus primeros saltos, desde las páginas de la revista *Littérature* y bajo las banderas de Rimbaud y de Lautréamont, contra la literatura y la vida modernas. En nuestra obra, cuyo título de [*Un*] *Voyage en parachute* acaso nos hace pensar en el de *Une saison en enfer,* pero juguetonamente modernizado para el gusto del momento dadaísta, encontramos otra caída a los infiernos o al vientre del pez parecida a las de los dos poetas adolescentes de Charleville y de Montevideo, el último de los cuales es además creador de un personaje rebelde a escala cósmica cuyo mismo nombre, Maldoror, hasta podría haber servido de antecedente fonético del nombre defintivo del personaje de Huidobro, Altazor.

En este contexto es interesante notar que el *Altazor* que conocemos empieza siendo, como *Les chants de Maldoror* y *Une saison en enfer,* un poema en prosa. El prefacio, escrito en una prosa poética que recuerda la de los últimos *Manifestes* (en particular «Avis aux touristes», «Manifeste peut-être» y «Les sept paroles du poète») y de partes de *Vientos contrarios,* fue publicado fragmentariamente en 1925 como muestra del poema. Forma parte del texto; no son meras palabras preliminares. Hay que examinar además el testimonio del fragmento *Silvana Plana,* de *Vientos contrarios,* en el que Huidobro habla del *capítulo* quinto (el subrayado es mío) de su *Altazur.* Esto parece indicar que en ese momento *Altazor* existía mucho más como proyecto que no como realidad textual, y que dicho proyecto era todavía el de un poema en prosa, al modo de otro texto relacionado con él, que, según el poeta, se terminó de escribir poco después, en 1928, *Temblor de cielo.*

Después de lo cual me parece probable que *Altazor,* llamado en un principio *Voyage en parachute,* era originalmente un proyecto de poema en prosa que se relaciona con la tradición que culmina en Mallarmé y Apollinaire, pero que dentro de esa tradición tenemos que examinarlo de modo particular con relación a la obra y al espíritu de Rimbaud y de Lautréamont. Esto es lo que parece indicar la escasa información que nos es accesible. Como casi siempre, tratándose de escritores hispanoamericanos, andamos a ciegas en muchos asuntos que podrían aclararse si los papeles fueran accesibles de manera segura y sistemática a todos los estudiosos. Hasta que el milagro se produzca, y acaso después de producido, tenemos por delante mucho trabajo y muchas dudas.

CAPÍTULO IV

AVENTURA Y RENOVACION EN APOLLINAIRE Y HUIDOBRO

En los años heroicos de la literatura de vanguardia, Vicente Huidobro pasaba, entre gente hispánica, por una especie de representante oficial del arte nuevo que se producía por aquel entonces en París. Esto le daba, indudablemente, cierto prestigio extraliterario, pero también le causaba problemas, sobre todo entre españoles, porque éstos tenían una tendencia a creer que Huidobro era otro caso más de un hispanoamericano cegado por lo «francés». Por eso se habló tanto de sus relaciones con Pierre Reverdy —pienso en la conocida polémica con Guillermo de Torre—, representante auténticamente *francés* de un arte internacional al cual Huidobro hizo, con pleno derecho, una verdadera contribución, por modesta que haya sido. Los mismos españoles que hablaban de Huidobro en estos términos parecían olvidar que muchos de los artistas cubistas con los que alternaba el chileno eran, desde la perspectiva de París, tan extranjeros como él.

Así fue el caso de Guillaume Apollinaire, verdadero maestro de Huidobro, que para un madrileño de 1918 podría parecer un francés por los cuatro costados. Y no era así. En este capítulo quisiera estudiar a Huidobro como discípulo y continuador de Apollinaire, tema todavía sin agotar, viendo de paso a los dos poetas *desde París* (pero no el París de ahora, donde se dictan clases en la Sorbona sobre el gran poeta «francés»). Veamos a estos poetas desde una Francia en la que Apollinaire vivió muchos años afanándose por conseguir la ciudadanía francesa y con el miedo constante de ser deportado, sobre todo después del robo de la *Gioconda,* en 1911. Recordemos que sólo pudo naturalizarse francés el día 9 de marzo de 1916, o sea ocho días antes de recibir la famosa herida que terminó su participación tan activa en la guerra de las trincheras.

Tampoco debemos olvidar que su actitud positiva hacia la guerra, fenómeno tan raro entre los poetas de vanguardia, ha de atribuirse a su deseo de llegar a ser francés, más francés que nadie.

Como todos sabemos, Apollinaire no tenía antepasados franceses. Su lengua materna había sido la italiana y había pasado su primera niñez en Roma. Pasó la adolescencia estudiando en Mónaco y en Niza, donde adquirió su cultura francesa en una región que todavía —no hemos llegado al año 1900— tenía mucho de italiana. Sería ridículo comparar su situación con la del clásico alumno negro colonial que recitaba en la escuela «nos ancêtres les gaulois»; pero sí podríamos ver un paralelo entre los estudios del joven Apollinaire con los de un Tristan Tzara, que leyó a Racine en Rumania y en Suiza, y los de Huidobro en Chile.

Los dos poetas llegan de fuera. Los dos son cosmopolitas, con vagos antecedentes de legendarios orígenes aristocráticos, orígenes aristocráticos que en los dos casos resultan ser auténticos, cosa sorprendente en dos hombres tan dados a la mistificación. Los dos adoptan seudónimos que buscan dentro de su propio caudal de nombres y apellidos (Guillaume Apollinaire es Guillaume Albert Vladimir Alexandre Apollinaire de Kostrowitzky, así como su abuelo había sido Michel Apollinaris Kostrowitzky, *camariere d'onore* de Pío IX; Vicente Huidobro es Vicente García Huidobro Fernández, descendiente de una aristocrática familia montañesa). Los dos «amaron mucho mugeres»; si Huidobro pudo enorgullecerse de haber raptado a una muchacha de un convento, Apollinaire, que nunca llegó a sintetizar vida y literatura en un caso semejante, por lo menos podía afirmar que debía la propia vida a otro secuestro por el estilo, ya que su padre había sacado a su madre del convento de la Trinidad en Roma. Los dos eran muy aficionados a la pintura y al caligrama, íntimos amigos y colaboradores de aquel fabuloso grupo internacional de pintores y escultores parisienses entre los cuales —¡también es coincidencia!— no dejaban de figurar algunos franceses.[1]

Inquietos, extravagantes, amigos de la variedad y de la novedad, así en la vida como en el arte, figuran, con su amigo Picasso, entre aquellos innovadores que el mismo Apollinaire nos evoca con tal exactitud en «La jolie rousse», al hablar de «Nous qui quêtons partout l'aventure... nous qui combattons toujours aux frontières / de l'illimité et de l'avenir».[2]

Su inquietud literaria explica la variedad de estilos y de escuelas por los que pasan en la trayectoria que los lleva de las postrimerías del simbolismo a las cumbres de lo que en los años del veinte se solía llamar en castellano lo «novísimo». No se trata de frivolidad ni de inconsecuencia: hay que pensar más bien en su fidelidad a un ideal de renovación poética. Y veremos que tenían una idea clara y constante del terreno en que esta renovación tendría que efectuarse: en el del lenguaje mismo.

En el plano de las ideas estéticas encontramos entre Apollinaire y Huidobro, dentro de su común ideal de renovación constante del lenguaje poético, momentos de pleno acuerdo y momentos de divergencia. Apollinaire tuvo su flirteo con los futuristas; en sus manifiestos futuristas aprueba, de paso por lo menos, ideas que Huidobro había condenado desde el principio, porque la supuesta novedad del futurismo era para él una supercheria, poesía tradicional disfrazada con maquinaria «moderna». Apollinaire abandonó pronto la veneración futurista de la maquinaria «moderna» de 1914. La veneración de los *objetos* casaba mal con un ideal artístico que implicaba la creación —las palabras son de Apollinaire, de «La victoire»— de «la joie / de voir les belles choses neuves». Pero lo poético es la novedad y el proceso que permite crear o encontrar novedades. Las cosas mismas, vehículos momentáneos de lo nuevo, evocarán una como prenostalgia, corolario del ideal de novedad. Ya no se nos habla de la fuerza y velocidad de las máquinas; antes al contrario, se nos hace ver su inevitable patetismo de bestia abandonada. Lo dice Apollinaire en «La victoire»:

O mon amie hâte-toi
Crains qu'un jour un train ne t'émeuve
Plus
Regarde-le plus vite pour toi
Ces chemins de fer qui circulent
Sortiront bientôt de la vie
Ils seront beaux et ridicules

Huidobro expresa la misma actitud hacia el patetismo de las máquinas predestinadas a envejecer, idea que cuadra perfectamente con la de Apollinaire en «La victoire» y también con sus propias burlas contra el fetichismo futurista de la maquinaria «moderna». En «Ombres chinoises», de *Automne Régulier,* evoca la «pre-nostalgia» del avión:

El nos aéros n'ont pas encore une chanson
Il faut qu'ils chantent nos avions
Comme des flûtes tournées vers l'avenir

Il est le noeud du ciel aujourd'hui
Demain il sera vieux aussi
Et il chantera peut-être pour mourir

Al desacuerdo pasajero sobre el futurismo podemos agregar otro episodio de divergencia entre los dos poetas, el de la revista *Nord-Sud* y del estilo poético que lleva su nombre. Se sabe que los fundadores de esta revista, de la que Huidobro fue uno de los colaboradores más importantes, invocaron el nombre y el ejemplo de Apollinaire al presentar *Nord-Sud* al público, y que Apollinaire publicó varias poesías en la revista. Pero es también notorio que Apollinaire no aceptaba completamente las teorías poéticas del grupo *Nord-Sud,* expuestas en la revista por Reverdy y Dermée y en diversos prólogos y manifiestos por Huidobro. Para Reverdy y compañía el poema, mundo cerrado y autónomo, no se refería a nada «anecdótico»; en la formulación de Huidobro, lo que es verdad en el poema es falso en la vida. Nada más opuesto que esta idea a las ambiciones proféticas del «Esprit Nouveau» de Apollinaire, expresadas en su conocido ensayo «L'Esprit Nouveaux et les poètes» y en varios poemas de *Calligrammes.* Este Apollinaire profético, quien creía que las «verdades literarias» de sus obras de creación podrían llegar a ser verdades de la vida, pasa a ser el santo patrón y supuesto fundador del surrealismo, *bête noire* de Huidobro, como lo saben los lectores de sus *Manifestes.*

Pero como quise demostrar en otro lugar, en el fondo Huidobro estaba más de acuerdo con Apollinaire que con Reverdy. Lo prueban los poemas «proféticos» *Tour Eiffel, Hallali* y *Ecuatorial,* escritos y publicados en pleno creacionismo pero muy influidos por el «Esprit Nouveau» y por la poesía de Blaise Cendrars; la misma tendencia se nota en muchos poemas de las colecciones *Salle 14* (inédito), *Automne Régulier* y *Tout à coup,* a pesar de las formulaciones teóricas de *Manifestes;* y llegamos a un momento de rebelión abierta con la publicación de *Altazor,* libro anticreacionista que vuelve por los fueros de una poesía visionaria y profética como la de Apollinaire, y que lleva a sus últimas consecuencias las ideas sobre el futuro del lenguaje poético que tanto preocupaban al autor de *Calligrammes* en los últimos años de su vida.

Porque *Altazor,* con sus «cortacircuitos en la frase» y sus descomposiciones de la palabra, es, más que los seudosueños del surrealismo, la verdadera continuación de las tendencias profundas de la última poesía de Apollinaire. Huidobro sí que seguía buscando los «nouveaux sons» cuya necesidad proclama Apollinaire en su testamento poético, «La victoire». Y tenía la convicción de ser el más legítimo de los continuadores de la obra del mal amado. De aquí que se exprese en *Manifestes* con un tono tan seguro: se cree la voz auténtica de la verdadera renovación poética de este siglo. Nada más y nada menos. Su propia poesía da claro testimonio del hecho: en vida de Apollinaire la palabra «poeta», «poète», se refiere en su poesía a Apollinaire; después de la muerte de éste, y con excepción del «Poème funéraire» a él dedicado, la palabra «poeta» parece referirse a Huidobro mismo.

La soberbia de Huidobro se ha convertido en un lugar común de la crítica. Pero Huidobro nunca vaciló al proclamar la superioridad de Apollinaire. Tomemos por ejemplo el poema «Vates», de *Horizon carré,* dedicado a Guillaume Apollinaire. Este poema combina varios motivos frecuentes en la poesía de Huidobro. Es el primero el del «canto seco» (la frase es de José Hierro, pero vale también para el presente caso), en el que Huidobro teme que se le acabe la inspiración poética. El segundo motivo es el poder de transformación del mundo del poeta realmente inspirado, en este caso Apollinaire. Los demás motivos, principalmente el de las estaciones artificiales, o «creadas», y otros motivos menores que se refieren también a una naturaleza «creada», están organizados en función de los dos temas principales de la poesía *seca* y del poder mágico del poeta inspirado. El poema comienza con un rápido otoño «creado» que expresa la (momentánea) pérdida de fuerza poética por parte de Huidobro:

Le rosier que pousse dans ma main
S'est effeuillé
Comme un vieux livre
Astres tombant
          sur la flaque d'eau

Viene luego el contraste de Apollinaire:

Mais toi
          poète
Tu as une étoile mûre
Entre tes mains
Et tes lèvres
Sont encore humides
De ses fils de miel
Une chanson
Electrise les eaux

Volvemos en seguida a otro de los motivos «creados» que se asocian al «canto seco» de Huidobro, aquí y en otros poemas suyos: «Dans l'étang brisé / S'est noyé le dernier oiseau.» Pero en el sistema metafórico de las estaciones «creadas» se prevé el renacimiento de la inspiración poética de Huidobro:

Mais quand le printemps viendra
L'arbe du jardin
Fleurira d'yeux
          comme une canne d'aveugle

Al mismo tiempo se mantendrá en flor el poder poético de Apollinaire, que ahora contrasta en su lozanía y frescura con el rosal decaído de la inspiración de Huidobro:

> Et toi
> poète
> Tu portes à ta boutonnière
> LA ROSE DES VENTS

Sí, Apollinaire es *el poeta* por antonomasia en estos libros de Huidobro, a tal punto que cuando leemos en *Hallali,* poema tan saturado de esencias de Apollinaire, que «Le premier tué a été un poète / On a vu un oiseau s'échapper de sa blessure», nos asalta el deseo, seguramente absurdo y anacrónico, de ver en estos versos una referencia a la muerte del autor de *Le poète assassiné,* ocurrida el mismo año en que se publicó el texto de *Hallali,* pero seguramente no a tiempo para que hiciera eco en el poema.

Donde sí habla Huidobro de la muerte de Apollinaire es en *Automne Régulier,* en el «Poème funéraire», sobre el que hablaremos más adelante. Pero en los demás poemas de este libro, como luego en *Tout à coup* y en *Altazor,* el que lucha por encontrar aquel lenguaje nuevo y mágico con que soñara Apollinaire ya es Huidobro. Lucha solo, y a solas combate el desaliento que de cuando en cuando había expresado en poemas como «Vates». Desde ahora en adelante la palabra «poeta» se refiere eclusivamente a él. Así pasa en «Poète», otro poema de *Automne Régulier*.

Aquí Huidobro experimenta otra momentánea sensación de «canto seco», como en «Vates». El cargo de ser el continuador oficial de Apollinaire es pesado:

> Poète poète sans sortileège
> Trois jour après le naufrage
> Moulin moulin de neige
> L'épaule este lourde de nuages

Pero reacciona contra la desazón y promete seguir cumpliendo con su misión de heredero del poeta desaparecido:

Tais-toi rossignol au fond de la vie
Je suis le seul chanteur d'aujourd'hui
Je vous répète mille fois
Que mon épaule este lourde ne nuages
Mais j'ai la flûte officielle du chérubin sauvage

Huidobro está resuelto, pues, a llevar a cabo sus exploraciones, a seguir, como dice en «Poème», de *Automne Régulier,* «Cherchant les mots qui pendent au ciel». Hay que seguir, pese a las dificultades, porque, como dice en el poema «5», de *Tout à coup,* «Il y a trop de choses qu'on n'a pas vues». Cierto, era fácil desanimarse; ya en «Ombres chinoises», de *Automne Régulier,* había cedido a esta tentación: «Il n'y a plus de nouveaux sons / Toutes les âmes s'en vont». A pesar de estos momentos de desaliento no abandona su búsqueda antes de llegar a la catástrofe de *Altazor.*

Hasta este punto hemos evitado el uso de la palabra «influencia», porque el concepto de la influencia literaria que sigue vigente, anacrónicamente, por cierto, entre muchos hispanistas, es más bien impertinente en el caso de las relaciones entre Huidobro y Apollinaire. Apollinaire le llevaba trece años al chileno; era, además, en el momento en que Huidobro empezó a madurar poéticamente en París, quizá el poeta más interesante de lengua francesa. Las tendencias literarias naturales de Huidobro, con su espíritu aventurero y su opulencia verbal, cuadraban inevitablemente con las de Apollinaire, cuya riqueza imaginativa ofrecía un contraste instructivo con la frugalidad verbal e imaginativa del tipo clásico de literato francés, como Reverdy, formulador de una famosa teoría de la imagen y autor de pocas y muy sobrias imágenes poéticas. Pensamos en la diferencia entre la riqueza y variedad del extranjero Picasso y la sobriedad y hasta monotonía del francés Bracque.

La afinidad natural entre los dos poetas se ve en el caso del caligrama, juego poético-visual al cual se había entregado Huidobro en Chile, por su cuenta, antes de conocer a Apollinaire. Pero, en otros casos, se trata de citas o imitaciones de versos y temas de Apollinaire, casi siempre en algún detalle de un poema y no en su estructura total. Estas reminiscencias y semejanzas son tan frecuentes que si fuera útil coleccionarlas, cosa que dudo, habría que dedicarles un estudio aparte. Al que quiera dedicarse a este ejercicio le recomendamos que se fije sobre todo en los poemas coleccionados en *Alcools;* aunque los poemas de Apollinaire más entrañables para Huidobro se encuentren en *Calligrammes,* hay relativamente pocas citas de este libro, y el buscador de coincidencias tendrá más suerte en la primera colección. En «La porte», por ejemplo, verá que Apollinaire habla de «Anges frais débarqués à Marseille hier matin». Si cree que sirve para algo, puede citar en seguida unos versos de *Ecuatorial:* «La luna nueva / con las jarcias rotas / Ancló en Marsella esta mañana». Pero si comparamos estas dos frases sin estudiar el papel que hacen en los respectivos poemas, nos habremos despistado de manera muy grave. Porque los dos poemas son muy distintos. La misma observación podría hacerse de otros casos de semejanza entre versos de Huidobro y versos de poemas de *Alcools* como «Zone», «Palais», «Crépuscule», «Cortège», «L'Emigrant de Landor Road», «Rhénane d'automne», «Un soir», «Vendèmiaire», etc. Los versos son parecidos, los poemas suelen ser muy diferentes.

Los únicos casos importantes de poemas enteros calcados sobre poemas de Apollinaire acaso sean tres poesías «proféticas» publicadas por Huidobro en 1918, *Tour Eiffel, Hallali,* y *Ecuatorial.* Pero en estos casos, sobre todo en el de *Tour Eiffel,* la presencia de Blaise Cendrars es tan importante, quizá más importante que la de Apollinaire. *Tour,* de Cendrars, es de 1913; y la crítica parece creer que la primacía en la creación de poemas medio apocalípticos como *Ecuatorial* pertenece no a Apollinaire, sino al Cendrars de *Les Pâques à New York.*[3] Con estos tres poemas de Huidobro parece legítimo hablar de influencia directa, porque se trata de la arquitectura de poemas enteros.

Pero en otros libros importantes de Huidobro (*Horizon carré, Poemas árticos, Salle 14* [inédito], *Tout à coup, Altazor,* para no hablar de la obra posterior), los casos de «influencia» se encuentran en los detalles aislados y no en la estructura del poema. Para sacar algún provecho del estudio de estos casos habría que examinar las repeticiones obsesivas, por parte de los dos poetas, de ciertos motivos acaso muy significativos: el marinero, el náufrago, el astro caído, las manos y los dedos cortados y caídos como hojas, el emigrante, la angustia en la garganta del poeta. Nos limitaremos aquí a señalar la insistencia de los dos poetas en los verbos 's'éloigner' y 'alejarse'. Me aventuro a sugerir que la insistencia en estos verbos refleja, además de la tradicional mirada atrás del poeta lírico que lamenta la pérdida de aquello que se lleva el tiempo —como «la femme qui s'éloigne» en «La Chanson du Mal-Aimé»—, otro movimiento hacia adelante, por parte del poeta mismo, que «se aleja» en busca de la novedad, la renovación, en fin, la aventura poética. Aquí el yo poético del autor es el sujeto del verbo, como en «Horizonte», de *Poemas árticos,* o en el poema «3», de *Tout à coup*:

Je m'éloigne en silence comme un ruban de soie
Promeneur de ruisseaux
Tous les jours je me noie
Au milieu des plantations de prières
Les cathédrales de ma tendresse chantent
Et ces chants font les îles de la mer

Inquietud poética y teoría creacionista se asocian en estos versos con este *alejamiento* tan característico de Huidobro. Las dos acepciones de estos verbos —mirada atrás hacia lo perdido y viaje adelante hacia lo desconocido— se combinan en el hermoso «Poème funéraire» que dedicó Huidobro en *Automne Régulier* a la muerte de Apollinaire. Aquí la tradicional, milenaria imagen del viaje de la muerte aparece bastante renovada en el contexto de una continuación, más allá de la tumba, de las exploraciones poéticas de Apollinaire, cuyo viaje de muerte se convierte en este poema en «le voyage primordial et sans billet / Le voyage instructif et secret / Dans les couloirs du vent». El barco de la muerte es ahora un «cerceuil à voile / Oú s'éloigne l'instrument du charme»; la palabra «s'éloigne» evoca al mismo tiempo la pérdida del amigo y maestro y la continuación misteriosa de sus investigaciones.

Pero en este mundo quien quiso seguir hasta el fin las implicaciones del deseo de Apollinaire de buscar «de nouveaux sons» y de voir «le belles choses neuves» fue Vicente Huidobro. Su fidelidad y su valentía le llevan a hacer, en *Altazor,* la tentativa más sostenida y más consecuente de encontrar un nuevo lenguaje poético más profundo, más original, más poderoso. Como Mesías del lenguaje poético, estaba resuelto a «resucitarlo», o a morir como poeta. Lo dice en el Canto III de *Altazor*:

> Hay que resucitar las lenguas
> Con sonoras risas
> Con vagones de carcajadas
> Con cortacircuitos en las frases
> Y cataclismo en la gramática
> Levántate y anda

Puede ser que Huidobro tuviera razón al afirmar que en este «atentado celeste» murió como poeta: «Aquí yace Vicente antipoeta y mago»; pero en esa existencia como fantasmal que formarían en este caso los últimos años de su carrera, siguió fiel al ideal de los sonidos nuevos y las cosas nuevas. En el poema «Edad negra», especie de testimonio o si se quiere de carta de ultratumba, hace eco del poema «Toujours», publicado por Apollinaire en *Calligrammes,* en el que el poeta dice que está dispuesto a «Perdre / Mais perdre vraiment / Pour laisser place a la trouvaille / Perdre / La vie pour trouver la Victoire». En «Edad negra» Huidobro se siente viejo y derrotado, fracasado. Con todo, está dispuesto a seguir sirviendo, aunque sea desapareciendo del todo para dejar lugar a una futura «victoria» de la vida y de la poesía:

> No hay sacrificio demasiado grande
> Para la noche que se aleja
> Para encontrar una belleza escondida en el fuego
>
> Perderlo todo
> Perder los ojos y los brazos
> Perder la voz el corazón y sus monstruos delicados
> Perder la vida y sus luces internas
> Perder hasta la muerte
> Perderse entero sin un lamento

Pero no ha desaparecido ni la voz ni el ejemplo de Vicente Huidobro. Como Apollinaire mismo, despierta hoy más interés que nunca, cosa que se debe al hecho de que, como el autor de *Alcools,* era un talento poético rico y original, cuyas relaciones con el maestro hay que caracterizar como un caso de afinidad de intereses y de ideas y no de vulgar imitación.

NOTAS

[1] Saco estos datos biográficos sobre Apollinaire de MARIE-JEANNE DURRY: *Guillaume Apollinaire: Alcools,* París, 1956, I, 25-67. Un resumen biográfico sobre Huidobro se encuentra en Bary, 1963.

[2] Para la poesía de Apollinaire cito de *Oeuvres poétiques,* Gallimard, 1959. Para Huidobro cito de *Obras completas de Vicente Huidobro,* Zig Zag, 1964, I.

[3] Véase APOLLINAIRE: *Oeuvres poétiques,* 1943, donde esta cuestión se resume en nota. (Deberíamos agregar que el poema «Le Dôme de Cologne», escrito por Apollinaire en febrero de 1903, parece ser una clara anticipación de los varios poemas simultaneístas escritos sobre la Torre Eiffel, y que si esto es así, la primacía de Cendrars en estas cosas ya no resulta ser tan clara; quede para otro lugar.)

CAPÍTULO V

HUIDOBRO Y REVERDY: 1917 CONTRA 1953

En 1975 René de Costa publicó en París un artículo en que reproduce una página inédita de prueba de un poema de Pierre Reverdy.[1] La prueba del poema lleva, escrita a mano, la siguiente dedicatoria:

> A mon cher ami
> le poète Vicente Huidobro
> Nos efforts *paralleles* se sont rencontrés
> Pierre Reverdy
> Avril 1917

Al comentar este documento, René de Costa lo coloca en el contexto de una serie de citas de diversos autores, todas ellas enfocadas en las relaciones entre los dos poetas creacionistas en la época de la revista *Nord-Sud* (1917-18). Entre los autores se encuentran Adrienne Monier, Phillipe Soupault, Rafael Cansinos-Assens, Pierre Albert-Birot, amén de Reverdy y Huidobro mismos. El conjunto de estas observaciones y recuerdos, sin otros datos, establece por su cuenta la fuerza de la amistad y del esfuerzo colaborativo que en esa época unía a los dos poetas. La dedicatoria, de 1917, con su mención de los *esfuerzos paralelos* de ambos escritores, viene a confirmarlo y, lo que es más, a poner de relieve que en abril de 1917 Reverdy trataba a Huidobro en pie de igualdad y no como un mero discípulo.

La dedicatoria expresa los lazos personales y profesionales que existían entre los dos: Reverdy elogia a Huidobro como hombre y como poeta. El mismo par de elementos vuelve a aparecer en el fragmento de un artículo de recuerdos de Phillipe Soupault, «L'Époque *Nord-Sud*», que De Costa cita como sigue:

> Pendant cette période de sa vie que fut si féconde et qui domina toute son oeuvre il ne se plaisait vraiment, naturellement, que lorsqu'il pouvait parler «d'homme à homme» [*sic*] avec un poète chilien que écrivait en espagnol et en français, Vincent Huidobro qui fut en effet un autentique poète, le plus exact «disciple» de Reverdy...[2]

En esta cita de 1962 la opinión favorable sobre Huidobro como poeta es la de Soupault mismo, juicio positivo que ya me había comunicado en una entrevista otorgada en 1953.[3] Pero Soupault implica, seguramente, que en esa época Reverdy pensaba lo mismo, cosa plenamente corroborada ahora por la dedicatoria de 1917. Las palabras de Reverdy citadas por Soulpault, «d'homme à homme», reiteran el afecto por la persona de Huidobro que ya se había traducido en la dedicatoria. Así es que la cita de Soupault nos recuerda los dos aspectos de las relaciones entre Reverdy y Huidobro, aunque acaso con énfasis en lo personal, en el hombre Vicente Huidobro.

Al ver que esta dedicatoria establece con tanta claridad los sentimientos positivos que en un tiempo existían entre nuestros dos poetas, me pareció que lo más indicado era publicar otro documento en el que Reverdy vuelve a expresar sus reacciones a estos temas, aunque en fecha mucho más tardía. Se trata de una carta que me escribió Reverdy en mayo de 1953, muchos lustros después de la ruptura entre los dos poetas y seis años después de la muerte de Huidobro. No la publico directamente, como tenía pensado, porque los herederos de Reverdy no quisieron que se citara en esa forma. Pero sí me autorizaron y animaron a sacar a luz su contenido en forma de paráfrasis.[4] Las circunstancias en las que se redactó la carta son las siguientes:

En la primavera de 1953 me encontraba en París, buscando entrevistas con las personalidades literarias y artísticas todavía en vida que habían conocido a Huidobro en su época parisiense. Charlando en la Unesco con Phillipe Soupault, acerté a mencionar lo que sentía, por razones obvias, no poder acercarme a Reverdy para hablar con él de Huidobro. Me aconsejó Soupault que lo intentara de todos modos, ya que, en definitiva, no tenía nada que perder. Agregó que si le escribía a Reverdy podía echarle la culpa de mi temeridad a su viejo amigo.

Seguí esta recomendación al pie de la letra. En mi carta le pedía a Reverdy una entrevista sobre el tema difícil de Huidobro, mencionando que lo hacía animado por Phillipe Soupault. Al cabo de unos días, recibí la respuesta de Reverdy, fechada en Solesmes el 24 de mayo y echada al correo el 26. Viene firmada tan sólo con las iniciales P. R., pero la letra es inconfundible, así como el tono del texto.

Hay que perdonarle a Soulpault, dice Reverdy, su travesura, inocente en fin de cuentas, y debida al deseo de mantener una actitud juvenil a pesar del paso del tiempo. Reverdy no puede otorgarme la entrevista; es mucho que se haya dignado contestar mi carta. Ha pasado demasiado tiempo para que él tenga todavía un recuerdo claro de la persona que yo mencioné (y que él se guarda bien de nombrar) con quien alternó por muy poco tiempo. A pesar de tener unos recuerdos tan borrosos, sí puede sacar en claro algunas cosas, en particular que hay muchos poetas pero muy pocos hombres; le parece recordar vagamente que en cuanto hombre, la persona mencionada no podía tomarse en serio.

El tono de la carta es altivo y desdeñoso, y la impresión que produce en este lector es contradictoria. Por una parte, apenas si se acuerda de quién fue Huidobro. Al mismo tiempo, la sola mención del nombre de esa persona «olvidada» le suscita una reacción cuya violencia mal velada podría sorprendernos al cabo de tantos años y después de la muerte del otro. El contraste entre la carta y la dedicatoria de 1917 es evidente. Pero es también bastante interesante ver la continuidad que existe entre la dedicatoria de 1917, la carta de 1953 y el recuerdo de Soupault de 1962. En la dedicatoria, como en el recuerdo de Soupault, Reverdy elogia a Huidobro como hombre y como poeta. Ahora bien, en la carta de 1953 rechaza a Huidobro específica y únicamente como hombre, casi como si quisiera repudiar sus propias palabras que luego citaría Soupault, «d'homme à homme». En cambio, la carta no contiene ninguna referencia negativa a Huidobro como poeta. El juicio literario, por lo visto, no ha variado con los años, cosa sorprendente en el contexto de un texto tan negativo. El cambio de juicio respecto al chileno se limita explícitamente al dominio de la personalidad. Parece ser que hasta 1953 la ruptura seguía siendo penosa —«penible» es palabra que había utilizado Reverdy para describirla en una carta dirigida en 1919 a André Breton—[5] después de más de treinta años.

Con el tiempo la fama literaria de Huidobro, en un tiempo parcialmente oscurecida por problemas de personalidad, no hace más que crecer, cosa que cuadra bien con la ausencia de juicios negativos de su poesía hasta en la carta de Reverdy. En cuanto al juicio negativo de Reverdy sobre Huidobro como hombre, hay algo más que vale la pena de poner en claro.

Verdad es que se le ha tachado a Huidobro por impetuoso, testarudo, egoísta y hasta de «insensible al dolor ajeno».[6] Pero se le ha elogiado también como generoso y bondadoso. Se metía en peleas, sí, pero sabía olvidar y perdonar. No guardaba rencor. Según Pablo Neruda, hasta él y Huidobro se reconciliaron antes de la muerte de éste.[7] Ninguno de sus viejos amigos que entrevisté en Europa y en América le atribuía la capacidad de nutrir un odio duradero.

Pero en 1953 la sola mención del nombre de Huidobro parece haber provocado en Reverdy una reacción extremadamente negativa. Afirma que no recuerda mucho, pero la impresión que recibimos es que no ha olvidado ni perdonado nada. Se impone la conclusión de que tenemos que ver, en Reverdy, con una personalidad malsana, engreída y egolátrica en forma descomunal. Si esto es así, sería posible que esta carta, redactada en un principio para enjuiciar a Huidobro, fuera en realidad más reveladora con relación a la personalidad de su autor.

En este momento hace acto de presencia otro recuerdo personal del año 1953. Una de las personas que entrevisté sobre Huidobro, Josette Gris, persona inteligente, equilibrada y bondadosa, me hizo una descripción de la personalidad de Reverdy que casa perfectamente con las conclusiones que acabo de mencionar. Como compañera de Juan Gris, quien se murió sin querer reconciliarse con Huidobro,[8] Josette no podía ser una incondicional del chileno. Pero me lo describió en términos bien positivos, en cuanto a lo personal. Huidobro era para ella una persona esencialmente normal, lo que se dice un hombre cuerdo.

Reverdy, en cambio, era, según Josette Gris, algo bien distinto. El que prefiriera vivir en el pequeño pueblo de Solesmes, dominado por el famoso monasterio, distaba de deberse, como podríamos haber sospechado, a humildad cristiana. Antes al contrario, era la costumbre de una persona tan locamente pagada de sí que iba poco a París por no poder tolerar lo que consideraba la malevolencia de las muchedumbres callejeras, las cuales fingían no reconocerlo, ¡a él, a Pierre Reverdy, la persona más importante del globo terráqueo! Pensamos, aunque en escala menor, claro está, en las reacciones algo semejantes que se le atribuían a Unamuno en sus visitas a Madrid.

Acaso sea imprudente inferir demasiado a base de unas líneas rápidas, escritas en 1917 o bien en 1953. En todo caso, me parece útil hacer circular por lo menos el contenido de la carta de 1953, como nota al pie de la página en un episodio interesante de la historia de la poesía de nuestro siglo, y por la luz que pueda arrojar sobre las personalidades de dos poetas de la talla de Vicente Huidobro y de Pierre Reverdy.

NOTAS

[1] *Bulletin du Bibliophile,* 1975-II, pp. 186-192. Un resumen de lo que se había escrito anteriormente sobre la cuestión se encuentra en MARIE LAFFRANQUE: «Aux sources de la poésie espagnole contemporaine: la querelle du Créacionnisme», BH, 64 bis (1962), 479-489.

[2] *Mercure de France,* 1962, núm. 1.181, p. 307; citado en De Costa, p. 188.

[3] Bary, 1963, p. 12, n. 5.

[4] Carta al director de la *Hispanic Review* (Filadelfia) de François Chapon, président du Comité Reverdy de la Fondation Maeght, París, 22 noviembre 1978.

[5] Carta de 22 febrero 1919, en «Pierre Reverdy: Trentedeux lettres inédites à André Breton, 1917-1924», *Études littéraires* (Québec), III, avril 1970, p. 110; 190. Se pregunta uno por qué el Comité Reverdy permitió la publicación de estas cartas, en vista de los motivos que presenta M. Chapon, en su carta citada en la nota 4 para negar la publicación de la carta de 1953, a saber, que Reverdy mismo se oponía a cualquier publicación de su correspondencia personal.

[6] VHV, p. 254. Las palabras exactas son: «... su sensibilidad ante la desdicha ajena era nula.»

[7] PABLO NERUDA: *Confieso que he vivido* (Barcelona, 1974), p. 397.

[8] VHV, p. 233.

Capítulo VI

JUAN LARREA EN 1917: EL POEMA OLVIDADO «TRANSCARNACION»

Sobre la importancia de Juan Larrea en la poesía hispánica ya no cabe duda. A pesar de que nunca quiso darse a conocer como poeta, este hombre casi legendario tuvo, según la crítica más autorizada, una influencia decisiva en la poesía de la generación del 27. La poesía de este grupo da testimonio de la presencia de Larrea en sus metáforas, en su actitud hacia la poesía y la figura del poeta, en el paso técnico del verso corto, de tipo más bien tradicional, frecuente en la primera vanguardia, al versículo ilimitado característico de la segunda vanguardia (Aleixandre, por ejemplo), y por haber ofrecido, para su época, «el primer testimonio de una crisis de espíritu plenamente aceptada».[1]

Casi toda la obra en verso de Larrea posterior a su encuentro en 1919 con la poesía de Huidobro ya es accesible al público desde que se publicaron las poesías reunidas de *Versión celeste* (1970). Pero la obra anterior a 1919 es prácticamente desconocida. Larrea empezó a escribir versos en 1908 para protestar contra su encierro en un colegio de Miranda de Ebro. En 1914 publicó dos poemas, que no he leído, en una revista estudiantil de Bilbao. Uno de ellos, titulado «Yo», me fue recitado por el poeta en Córdoba (Argentina), en octubre de 1970. No pude ver el texto escrito, pero sí recuerdo que el poema termina con un verso harto significativo para las experiencias posteriores de este hombre que más tarde se propuso ir al fin del mundo en busca de un clima mental propicio a la transformación o regeneración de la cultura occidental: en dicho verso el que habla anhela «morirme de amor en una playa remota».[2]

Entre 1914 y 1919 Larrea escribió muchos poemas, algunos de los cuales calificaba retrospectivamente como «barrocos y difíciles». De todos ellos no concozco más que uno, titulado «Transcarnación», cuyo texto, reconstruido de memoria por su autor, si no me equivoco, me fue transmitido por Larrea en una carta fechada en agosto de 1974. Reza así:

«TRANSCARNACION»

Qué viejas sois,
qué viejas sois, mis manos.
Qué viejas ya cuando os heredé...

Y vosotros, mis pies,
qué cansados de errar itinerarios...

Y vosotros, mis ojos,
qué de cosas no habréis visto
que yo he llegado tarde para ver.

Y tú,
sobre todo tú, mi corazón...
Cuánto habrás brincado
como a la comba, con tu lazada azul,
al compás de tu vieja canción.
¡Qué viejo eres, mi corazón!

Sin conoceros
os compadezco, mis herederos,
los que heredéis la triste herencia de mi carne,
de mis pies, de mis ojos, de mis manos,
cada vez más viejos...

Mas sobre todo
a quienes heredéis mi corazón,
os tengo, en verdad, compasión.

JUAN LARREA (1917)

Como hace notar Larrea en la carta ya mencionada, este poema expresa la «época previa de desaliento y flacidez» que precedía al descubrimiento del ultraísmo y sobre todo de la poesía de Vicente Huidobro, acontecimiento sobrevenido en 1919 que había de cambiarle la vida a nuestro poeta.[3] Síntesis de su vida anterior al descubrimiento libertador del creacionismo, el poema merece un estudio detallado, empezando por el título.

La palabra «transcarnación» muestra ya, a esta altura de su vida, aquella extraordinaria audacia en materia de invención lingüística que había de caracterizar a su madurez poética, tanto en lengua española («arbusto a más alzar manos de eclipse»)[4], como francés («nu-sang», «s'entre-charment», «à tout taire»)[5]. Pero como en toda la obra de Larrea, este juego de invención lingüística no es nunca gratuita, sino que obedece a fines expresivos, a la traducción de una experiencia interior que se irá revelando a lo largo de los años con una coherencia cada vez más clara.

De todos los sustantivos de significación espiritual ('transfiguración', 'transubstantación', etc.) que hubieran podido servir como modelos para 'transcarnación' el más obvio es sin duda 'transmigración', en su acepción de 'transmigración de las almas' o 'reincarnación'. De hecho, es una combinación de 'transmigración' y de 'reincarnación', pero con un sentido hasta cierto punto inverso al de éstas. No es totalmente inverso, porque en el concepto implícito en el vocablo inventado por Larrea, 'carne' y 'espíritu' no son entidades totalmente separables. El concepto de 'reincarnación' permite suponer la existencia de un 'espíritu' o 'alma' totalmente independiente que irá pasando por infinitas 'encarnaciones' sin ser nunca 'carne'. Pero en la 'transcarnación' de Larrea, 'espíritu' y 'carne' son una sola cosa.

Las manos, los pies, los ojos y el corazón de quien habla en el poema pasarán a sus herederos como la misma 'carne' que son ahora, pero también con la misma carga psíquica que ahora tienen. Así es que en el título de este poema juvenil de Larrea se revela la presencia de ese impulso hacia la superación de los tradicionales dualismos de Occidente —ninguno más fundamental que el de 'carne-espíritu'— que caracterizarían a tantos movimientos renovadores de este siglo, acaso a ninguno más que al surrealismo, del cual se ha llegado a afirmar que fue el propio Larrea el «padre misconosciuto in Spagna».[6] De acuerdo con esto, podría afirmarse que el título «Transcarnación», inventado ya hacia 1917, es un indicio más del hecho de que, como dice Larrea y como lo demuestran los hechos, éste conociera el surrealismo, por así decirlo, antes que se inventara.[7]

En 1917 Larrea vivía en Madrid, en casa de unos tíos, preparándose para las oposiciones a la carrera de archivero, bibliotecario y arqueólogo, por la que había optado sin entusiasmo porque ofrecía bastantes horas libres para el ensueño, la lectura y la escritura y porque la necesidad de estar en Madrid le permitía escaparse del ambiente cerrado y adusto de su casa paterna de Bilbao. Ninguna de las carreras que se le ofrecían a un joven de su clase y formación le apetecía. Sus estudios en Deusto le habían parecido una farsa. Cumplía mecánicamente con los deseos de su familia; vivía aburrido y abúlico. En 1916 un proyectado noviazgo se vio frustrado por oposición de su padre, escandalizado porque el padre de la chica era republicano. Soñaba con un amor idealizado vinculado en parte a la figura de su tía Micaela, pero la educación ultracatólica que había recibido le impedía encontrar en la realidad de la vida un amor no acomplejado en el cual sexualidad y espiritualidad —'carne' y 'espíritu'— no se concibiesen como fuerzas antagónicas y que le permitiese establecer unas relaciones realmente humanas con chicas 'presentables' y de 'buena familia'.[8]

Estos y otros problemas parecidos se reflejan sin duda en el texto de «Transcarnación», contribuyendo a la sensación de vejez, de cansancio, de tristeza, en suma de haber llegado tarde a este mundo, que allí se expresa con toda claridad. Eso en cuanto al elemento biográfico, individual.

Pero los sentimientos expresados en el poema reflejan no sólo las experiencias inmediatas, personales, del poeta, sino su impresión global de la vida y cultura de su país y de su época, que le parecen huecas, muertas y sin salida. Agréguese a esto que el yo poético, ente de ficción, por lo menos en parte, casi como el yo de una narración ficticia escrita en primera persona, tiende siempre a la expresión de una visión o experiencia general o colectiva.

El fenómeno de estancamiento que forma el eje expresivo de este poema se aplica a toda una situación social y cultural que de tantas maneras y en tantos aspectos necesitaba renovarse. Tanto en el aspecto colectivo como en el individual o biográfico, la presencia de esta sensación de estancamiento es tan íntima y tan omnipresente que se traduce en la certeza física, de carne y hueso —manos, pies, ojos, corazón, sobre todo, corazón— de la falta de esperanza.

El futuro que se imagina en este poema es auténticamente infernal precisamente por esto, por la falta de esperanza, por la prolongación hacia el infinito de lo mismo, sin posibilidades de renovación o vida nueva. De esta manera un poeta biográficamente joven proyecta un yo poético que expresa perfectamente la vejez de una situación social y cultural.

Un aspecto de la situación cultural a la que acabamos de referirnos es el de la poesía. Vista de cerca, la situación poética inmediatamente anterior al estallido vanguardista de 1918-19, acaso como todas las situaciones literarias que se examinen sin esquemas fáciles más útiles para simplificar las realidades históricas que no para reflejarlas en su verdadera complejidad, ostenta rasgos difíciles de reducir a la cronología al uso. Desde un punto de vista, muerto Rubén Darío en 1916, debería suponerse que estamos en una especie de limbo entre modernismo y vanguardia. Desde otro, si se piensa en fenómenos como la poesía de López Velarde, Gabriela Mistral y otros hispanoamericanos y en la renovación recién producida de la poesía de Antonio Machado y Juan Ramón Jiménez, podría decirse que estamos, en 1917, en pleno posmodernismo (aunque, si se acepta la existencia de éste como fenómeno histórico, resulta sumamente espinoso decidir cuándo termina, ya que poetas excelentes como Alfonso Reyes siguen escribiendo poesía «posmodernista» hasta la década del 'cincuenta').

Por otra parte, es seguro que para casi todos los lectores el modernismo seguía siendo lo que el nombre implica, un fenómeno de última hora. En 1918 las revistas literarias —valga el ejemplo de *Cervantes*—, seguían siendo plenamente modernistas. Es más, las carreras de los que habían de transformarse en abanderados de la revolución poética del vanguardismo nos revelan a las claras que en la década 1910-1920 el modernismo estaba lejos de haberse aceptado como algo familiar y académicamente respetable. Los versos escolares que constituyen el primer libro de Vicente Huidobro, *Ecos del alma* (1912), revelan una ignorancia total de la existencia del fenómeno modernista. Los lectores de César Vallejo saben que en 1916 el modernismo fue para el cholo un descubrimiento libertador.

El caso del propio Larrea es instructivo. Sus lecturas de poesía empiezan hacia 1909 —en pleno auge, para nuestra visión retrospectiva, del segundo modernismo de filiación simbolista: *Cantos de vida y esperanza, El canto errante,* la música callada de Enrique González Martínez, para citar algunos ejemplos típicos—. 1909 es además el año que se distingue para nosotros por la publicación de las audacias prevanguardistas del *Lunario sentimental,* de Leopoldo Lugones. Pero los poetas españoles que lee Larrea en 1909 son Zorrilla, Núñez de Arce y Bécquer, y entre los franceses, Musset y Lamartine. Para él, como para los lectores adolescentes que fueron Huidobro y Vallejo, el romanticismo era la norma, y el modernismo y sus antecedentes parnasianos y simbolistas estaban por descubrir. Sólo en 1914, cuando le faltaba un año para recibirse en Letras en Deusto, empezaría Larrea a leer a Rubén Darío y a conocer el simbolismo en la *Antología de la poesía francesa moderna,* de Enrique Díez-Canedo y Fernando Fortún, libro que conocerían Vallejo y sus amigos de Trujillo un par de años después.[9]

Larrea me dijo una vez que se le había formado en un ambiente «culto pero muy rezagado en el tiempo». Pensaba más bien en su propia familia y en la biblioteca de su padre, donde entre las lecturas desordenadas que caracterizaban a su juventud descubrió los libros que acabamos de mencionar. Pero a juzgar por la situación muy parecida de Huidobro y de Vallejo, el fenómeno no se limitaba a la calle de Henau, de Bilbao, donde vivían los Larrea. La frase «muy rezagado en el tiempo» parece aplicarse a la sensación que experimentarían todos estos poetas jóvenes respecto a la poesía de su tiempo y a su propia poesía prevanguardista. De aquí que pasaran los tres, una vez hecho el descubrimiento tardío de un modernismo que ya tocaba a su fin, por etapas modernistas sumamente breves, de apenas dos años en los casos de Huidobro y Vallejo, acaso de muy poco más en el de Larrea; de aquí también que en cuanto expresión de una poesía joven que busca una nueva voz, el yo poético que habla en «Transcarnación» respire vejez y cansancio.

En «Transcarnación» reconocemos un conjunto de tono, técnica y lenguaje que para la crítica se asocian con las postrimerías del segundo modernismo introspectivo o con lo que algunos llaman posmodernismo. El tono es íntimo, melancólico, pero llano y sencillo, con cierto prosaísmo muy moderado. El léxico es sobrio, sin palabras excesivamente literarias, exóticas o arcaicas, pero también sin giros populares. Tono y léxico mantienen un mismo nivel, sin contrastes, por todo el poema. Hay una sola figura explícita, la del corazón que salta como a la comba al compás de su vieja canción, canción que no deja de recordar la de la noria de Antonio Machado. Es una figura racional y explicativa o ilustrativa, a la manera tradicional, que no se parece a las imágenes autónomas o irracionales en las que había de especializarse Larrea en un porvenir próximo.

Hay también una figura implícita (la herencia física equivale a la herencia cultural como a la experiencia psíquica, la cual también se hereda) que determina la construcción total del poema, tanto el contenido como la forma. Esta metáfora implícita se expresará mediante cuatro ejemplos (manos, pies, ojos y corazón), cada uno con su estrofa, cuya extensión varía según la intensidad de la emoción que se expresa a través de cada ejemplo, siendo la más larga la dedicada al corazón. Al corazón, sede y expresión, mediante los latidos de su vieja canción, de la máxima sensación de vejez, se le tributa la única figura explícita; esto está de acuerdo con la teoría y la práctica de Machado, poeta típico de esta modalidad literaria, quien dice en *Los complementarios* que la imagen debe utilizarse únicamente para expresar momentos de máxima intensidad emotiva. Al corazón, y por los mismos motivos, se le dedicará una estrofa final, a manera de colofón. Con la palabra 'corazón', siempre por el mismo motivo, aparecerán, en forma de figura expresiva para subrayar la intensidad de la emoción, las únicas rimas consonantes del poema, una al final de la estrofa dedicada al corazón y la otra para cerrar, simétricamente, la estrofa final, que insiste, con sus conceptos como con la rima, en lo dicho en la otra estrofa rimada dedicada al corazón.

Queda una estrofa más, la quinta, que comparte las funciones de proyectar la triste herencia mencionada hacia el futuro, a los herederos, y de resumir o reiterar las cuatro fases ya mencionadas de dicha herencia. Con esto último llegamos al momento de hacer notar la organización temática del poema de acuerdo con el principio de la simetría retórica, deseo de simetría que determina en parte el uso de un estilo paralelístico, parecido al de los versículos bíblicos, recurso estilístico muy socorrido precisamente en esa época llamada posmodernista. Esta organización temática, de acuerdo con una intencionada simetría retórica, es consciente y racional, y contribuye además, de manera también consciente, a la elección de cierto tipo de verso libre con rima esporádica (usada, ya lo vimos, como figura expresiva), y al sistema de estrofas variables ya visto. Aquí el fondo determina la forma de acuerdo con principios de selección conscientes, racionales y todavía tradicionales, basados en parte en una retórica que se prestaba de igual modo a la redacción de poesía y de prosa, de lírica y de discurso forense.

Es interesante comparar lo visto aquí sobre «Transcarnación» con el juicio de la crítica posterior, ya resumido al principio de este estudio, sobre la verdadera herencia que un día había de transmitir Larrea a los poetas del 27. «Testimonio de una crisis de espíritu», lo es «Transcarnación» sin duda alguna, aunque por falta de experiencia y de medios expresivos se queda el poeta en los comienzos y en la superficie de esa experiencia tenebrosa, todavía no «plenamente aceptada», de la que había de ser su poesía madura la «versión celeste». En cuanto a su actitud hacia la poesía, vemos que hacia 1927 Larrea no veía a la poesía como un juego, sino como medio de desahogarse; hasta es posible suponer que en el concepto de *transcarnación,* cosa vista como carga y castigo, en fin, como «karma», está en germen su deseo de liberarse de la personalidad individual, lo que implicaría una falta de interés en la figura del poeta ya parecida a la que lo caracterizaría en el porvenir. Lo del cambio técnico hacia el uso del versículo ilimitado a lo Aleixandre podría encontrarse también en germen en «Transcarnación», poema de una pieza en que el sentimiento se desarrolla de manera orgánica de principio a fin; pero la organización totalmente consciente a base de una tradicional simetría retórica presenta un contraste notable con la poesía semisurrealista de gran parte de *Versión celeste.* Lo que más falta para que nuestro poema se asemeje a la obra madura de su autor son esas metáforas radioactivas que se extienden en series ininterrumpidas por estrofas y poesías enteras, para el asombro y provecho de sus contemporáneos. Este estilo metafórico, dicho sea de paso, tampoco dominaría la poesía larreana de su época creacionista de hacia 1919, como haremos notar en un futuro próximo. Con todo, «Transcarnación» nos ofrece una muestra interesante así de los comienzos poéticos de Juan Larrea como de la situación de la poesía hispánica en los umbrales de una evolución decisiva.

NOTAS

[1] LUIS FELIPE VIVANCO: *La generación poética del 27,* en G. DÍAZ-PLAJA: *Historia general de las literaturas hispánicas,* VI (1967), pp. 511-514. Ver también para estos puntos LUIS CERNUDA: *Estudios sobre poesía española contemporánea,* Madrid, Guadarrama, 1957, pp. 194-95, y VITTORIO BODINI: *I poeti surrealisti spagnoli,* Torino, Einaudi, 1965, pp. XLIV-LIV, y su *Introduzione a Juan Larrea: Versione celeste,* Torino, Einaudi, 1969, pp. VII-XX.

[2] Sobre los comienzos literarios de Larrea ver Bary, 1976, pp. 27-39.

[3] Más sobre estos puntos en Bary, 1976, pp. 41-63.

[4] Del poema «Tierra al ángel cuanto antes», incluido ahora en *Versión celeste,* p. 67.

[5] Sobre estos ejemplos de la audacia creadora de Larrea en lengua francesa ver VITTORIO BODINI en su *Introduzione* a *Versione celeste,* Torino, Einaudi, 1969, pp. XVIII y XIX.

[6] BODINI: *Introduzione* a *Versione celeste,* p. X, y también en *I poeti surrealisti spagnoli.*

[7] La afirmación de Larrea viene en una carta publicada por Bodini en su libro *I poeti surealisti spagnoli;* en sus propias obras, publicadas e inéditas, el poeta se ha pronunciado sobre este punto con un lujo de detalles que conocerán los lectores de *Surrealismo entre viejo y nuevo mundo,* México, 1944, recogido en *Del surrealismo a Machupicchu,* 1967; «César Vallejo frente a André Breton», *Revista de la Universidad Nacional de Córdoba,* segunda serie, núms. 3-4, julio-octubre de 1969, pp. 797-858, y «Respuesa diferida a 'César Vallejo y el surrealismo'», *Aula Vallejo,* 8-9-10, 1971, pp. 313-517.

[8] Más detalles sobre todo esto, en Bary, 1976, pp. 35-39.

[9] Más sobre lo que se refiere aquí a Larrea, en Bary, 1976, núms. 27-39; para Vallejo, ver ALCIDES SPELUCÍN: «Contribución al conocimiento de Vallejo», *Aula Vallejo,* 2-3-4, 1962, pp. 29-104, y en especial las pp. 36-63; es de notar que el *Diálogo* (pp. 104-145) que sigue a este artículo contiene muchas observaciones de Juan Larrea sobre sus propias relaciones con creacionistas, ultraístas y surrealistas, y puede leerse últimamente con relación al tema tratado en la nota 7.

CAPÍTULO VII

SOBRE LA POETICA DE JUAN LARREA

Enfocamos en estas páginas las teorías de la composición poética que Juan Larrea hacía suyas en la época en que redactó los poemas en verso y prosa de *Versión celeste,* libro que se publicó por fin en 1969 y 1970 pero que contiene poemas de los años 1919 a 1932, año este último en que el poeta dejó para siempre de escribir versos para dedicarse a una obra ensayística sobre el desarrollo y futuro de la cultura. En su obra posterior a 1932 Larrea desarrolló una teoría general del arte, incluyendo el de la poesía. Pero esta teoría le servía como instrumento para una obra crítica y visionaria. Sin duda esta teoría se relaciona de alguna manera con la obra en verso y en prosa poética de 1919-1932, pero es posterior a esa obra y no puede relacionarse de manera tan directa con los poemas del autor como los textos sobre poesía que redactó en esa misma época. Por eso nos limitamos en general al manifiesto «Presupuesto vital» (1926) y a ciertos fragmentos del libro inédito *Orbe,* redactados hacia 1932. A pesar de excluir la gran mayoría de los textos posteriores a 1932, nos permitimos ofrecer un como colofón corroborativo en el que analizamos un solo texto posterior que ilumina de manera excepcional las ideas larreanas de 1926 y 1932.

Para Larrea, escribir versos no fue nunca un mero juego o diversión. En su vida la poesía representaba siempre un camino de liberación. Empezó a escribir versos para desahorgarse ante las congojas que le producían su encierro en un colegio. El primer texto suyo que conocemos entero, «Transcarnación» (1917), expresa un cansancio radical para con la vida que le rodeaba y una necesidad de profundos cambios. Su encuentro en 1919 con la poesía de Huidobro no le ofreció, como a ciertos ultraístas, una fórmula a seguir para escribir versos según la última moda de París, mostrándole en cambio la primera esperanza de la posibilidad de transformarse en otro, en su poesía como en su vida.

En el caso de Larrea su época creacionista fue relativamente corta. Representa un momento, aunque decisivo, en un proceso ininterrumpido de búsqueda y de lucha consigo mismo. Entre 1919 y 1926 escribió muchos poemas; conocemos pocos de ellos, pero sabemos que para 1926 su poesía había evolucionado mucho. Ya no se parecía tanto a la de Huidobro.[1] Pasaba lo mismo con sus ideas sobre poesía, ya que los conceptos que emite en «Presupuesto vital», escrito en 1926 para su revista, *Favorables París Poema,* se diferencian claramente de las que seguía defendiendo Huidobro en sus *Manifestes* (1925).

Desde el primer párrafo de «Presupuesto vital», y a diferencia de los textos huidrobianos, Larrea declara su decidida falta de interés por el arte en cuanto fabricación de bellos objetos. Se pronuncia por un arte vitalmente comprometido que exprese «actualidad», «pasión íntima» y «orientación al conocimiento».[2] En este contexto profiere la conocida frase: «Nuestra literatura no es ni literatura, es pasión y vitavirilidad por los cuatro costados» (p. 312).

Hombre dividido desde su niñez entre «viejo» y «nuevo» mundos, Larrea veía en la creación poética un proceso dialéctico en que los impulsos vitales del poeta —y de las palabras— chocaban unos con otros en una pelea que tendía hacia la superación y la síntesis de los contrarios. Esta lucha interna forma el tema principal de «Presupuesto vital». La poesía es «guerrero oficio de existencia», o sea, expresión dentro del ser humano de la «energía cósmica que no perdona batalla alguna. Donde quiera que exista posibilidad de espasmos allí aparece con su palanca dispuesta a remover entrañas y moléculas» (p. 307).

Para Larea, pues, la obra de arte nace de este «irascible impulso». El verdadero artista es impulsado hacia la creación por «la capacidad de una lucha más, la lucha entre un temperamento dotado y el implacable artístico». Artista será «el que quiera y que ame-odie... y generosamente *se inmole* [el subrayado es nuestro] a la atracción y repulsión que entre sí experimentan inteligencia y sensibilidad...» Esta lucha y colaboración simultáneas entre inteligencia y sensibilidad es, según nuestro poeta, «la misma que engendra movimiento, calor y vida; la misma que enemista dos palabras en el cráneo del poeta y obliga a todo el idiona a entrar en ebullición; la misma que la obra terminada [se] levanta en el sujeto recipiente a brazo partido contra lo que en él preexiste» (p. 311).

Los materiales que se acaban de citar expresan perfectamente la situación personal de Larrea en 1926; veremos a continuación que resumen y anticipan los textos más detallados de 1932. En 1926 estaba el poeta en los comienzos de esa gran crisis de espíritu de la que saldría años después transformado en otro. Durante los años 1926-1932 vivió una especie de «noche oscura» de la que daría testimonio indirecto en forma poética en los versos y poemas en prosa de *Versión celeste.* Durante el mismo período redactó, para desahogarse, una larga serie de fragmentos en prosa de tema muy variado, también relacionados con su crisis y escritos rápidamente en momentos de alta tensión. Coleccionados luego bajo el título *Orbe,* estos textos inéditos contienen preciosos materiales para ver de cerca las actitudes larreanas hacia la poesía.[3]

Los textos de *Orbe* reiteran lo dicho por Larrea en 1926 sobre la creación artística como lucha entre tendencias e impulsos encontrados. Explica en un texto de 1932 que:

> Una creación es la manifestación concreta de una lucha de un ser contra sí mismo. Es estar tan lleno, que es sacar la lucha fuera, propagar la batalla a cuanto le rodea (medio de mirar en perspectiva y recobrar la paz). Todo lo importante del antagonismo se encuentra reproducido por imágenes y símbolos.

Ya vimos que en «Presupuesto vital» Larrea había llamado la atención sobre la importancia para el artista de *inmolarse* a la libre expresión de este antagonismo. Este punto, de importancia fundamental en la poética de Larrea, reaparece en los textos de *Orbe,* donde el autor hace hincapié en la necesidad absoluta de aceptar y de seguir la dialéctica espontánea de estos choques entre impulsos humanos y entre palabras poéticas. Si interviene la voluntad del poeta para imponer una síntesis prematura y no espontánea, el milagro poético no se produce. Como dice en el texto de 1932 titulado «Contradicción»:

> Ay de ti si tratas de no contradecirte. Habrás caído en el lazo más burdo que tu inteligencia te tiende. No pretendas tampoco contradecirte por contradecirte sistemáticamente. De ambas maneras, lo que conseguirás es hacer tu estatua en un mármol cerebral de eternidad. Habrás caído en la sola soberbia de huir del tiempo, de hacerte un fantasma inhumano, de olvidarte de tu realidad.

En otro texto de hacia 1932, «Mística lírica», sumamente importante para el tema, Larrea insiste en el sacrificio de la voluntad para aceptar sin resistencia las contradicciones naturales:

> No negarse para afirmarse, ni la contraria, sino ambas cosas a un mismo tiempo, para llegar a un estado superior en que se vean ambos desde abajo. Por los contrarios se encarama uno, y luego sacrificar el deseo de encaramarse.

Por una de esas paradojas a las que nos tienen acostumbrados los místicos, el estado *superior* nos permite ver las cosas desde *abajo*. De manera parecida, el que busca superarse no lo conseguirá. No se supera quien no haya sacrificado antes la ambición de hacerlo. El sacrificio ha de ser total: no se sacrifica uno *para* conseguir algo; se sacrifica sin más. Como el arquero que siguió los preceptos del budismo zen, damos en el blanco al renunciar a hacerlo. Larrea establece en «Mística lírica» la meta, mejor dicho, anti-meta, de una como renuncia elevada a segunda potencia, o renuncia de la renuncia:

> Jugarse a sí mismo al azar del idioma, hacerse una voluntad fuerte para encontrar a cada instante la manera de sacrificar

esa misma voluntad. Tratar de comprender todo para sacrificar esa comprensión, para hundirse más y más en la incomprensión. Pero cuidado con hacerse demasiado puro. Hay que saber también sacrificar su pureza, hay que sentirse minúsculo, no ante los demás, sino ante sí mismo.

Por este procedimiento, Larrea imagina un estado de conciencia y un modo de expresión que verdaderamente se habrán escapado del control y del conocimiento de la voluntad personal:

> Y puesto que hoy creemos saber el camino místico de sacrificar la voluntad para sublimarla en la creencia, sacrificar ese conocimiento. *No saber.* Gritar, gritar, gritar.
>
> Descartar toda finalidad. No hacer hermosos versos, no conseguir supremos acentos. ¡No! Abandonar sus médulas al supremo espanto de la *carencia absoluta de voluntad.*

Para ver la importancia de este sacrificio de la voluntad, importa entender el alcance de la frase «ser emotivo» o «ser expresivo», que en estas dos formas aparece con frecuencia en los textos de *Orbe.* Estos términos se refieren en parte a lo que se suele llamar el contenido de la poesía, pero incluyen también, hasta cierto punto, el modo de expresión, ya que dice el poeta en un texto de 8 de abril de 1932: «La técnica y el sentido de una obra están tan íntimamente ligados que no es extraño que con frecuencia se confundan uno con otro.» * El «ser emotivo» tiende a ser un todo indisoluble de forma y contenido, y además, parece rebasar los límites de la obra y de la conciencia individual del poeta, viniendo a ser en parte un fenómeno colectivo e inconsciente. Se afirma en el mismo fragmento que «los poetas no entienden el fenómeno en que participan sino de manera individual y, con frecuencia, superficial».

De aquí que para Larrea muchos poetas busquen nuevos modos de expresión, como fue el caso de algunos poetas de vanguardia, sin ver que la invención o el hallazgo de nuevas técnicas implica un cambio en la manera de sentir el mundo, una evolución del «ser emotivo» del poeta y de su época. Hablando del lenguaje poético característico de la época de vanguardia en que le había tocado vivir, sostiene Larrea en el mismo fragmento citado que «la disgregación del lenguaje como sintaxis y como entidad corresponde a la disgregación del ser expresivo, que, estando en disgragación, no puede expresar sino algo disgregado». Luego afirma que al volver a «congregarse» el «ser expresivo», se volverá a «congregar» también el lenguaje poético, pero incorporando los nuevos medios de expresión desarrollados durante el período de «disgregación».

Pero predice que en su época «disgregación» y «congregación» no se producirán de la misma manera. Ve a la «disgregación», o «análisis», como resultado de la búsqueda *consciente* e *individual* del poeta de nuevos modos de expresión. En cambio, la «congregación», o «síntesis», de «ser expresivo» y modos de expresión será una cosa *inconsciente* y *colectiva* que se producirá espontáneamente y sin intervención de la voluntad personal: «La tendencia biológica al análisis aparece en esta época como únicamente personal, mientras la tendencia a la síntesis se presenta como ajena e involuntaria, perteneciente a una entidad misteriosa.»

El «ser emotivo» funciona espontáneamente o no funciona, tanto en su aspecto colectivo como en la producción de las obras individuales. En los dos casos se precisa el sacrificio de la voluntad, sin el cual se echa a perder la esencia poética. Larrea dice en un texto de 11 de abril de 1932 * que el «ser emotivo» es «el que conduce el hilo del todo, organizando el poema, dirigiendo el acuerdo y el desacuerdo múltiples de las palabras, el análisis y la síntesis, por el que toda existencia está dirigida». En este contexto sería fatal cualquier intervención de la voluntad con pretensiones de dirigir el curso del poema. El fragmento citado sigue en estos términos:

> El aspecto de un poema, su sentido inmediato y su unidad, nacen de su todo con la menor cantidad posible de deformaciones. La voluntad, que está subordinada a la acción, no puede ser la directora del todo sino la distraída por las pequeñas incidencias interiores del poema. En cuanto ella interviene la deformación se presenta. Pierde el poema su sentido de totalidad

para adquirir el sentido artístico, académico, de medios elegidos de acuerdo con un fin determinado.

Comprometerse era para Larrea ese «jugarse a sí mismo al azar del idioma» que exige sacrificar la voluntad para dejar paso al juego espontáneo del «ser expresivo». Si la poesía se ejerce de esta manera puede ser el camino de liberación que buscara Larrea desde el comienzo de su vida como poeta. Puede producir, como dice en el texto «Revolución», de abril de 1932, «la revolución de la personalidad», o, como añade a continuación, «la revolución del ser, unida a la revolución del Verbo». En otro texto ya citado antes, de 11 de abril del mismo año, el autor señala en la poesía así concebida «su valor de yoga, de camino para llegar al ser, al nuevo ser». Esta revolución del ser lo es también del verbo, y por esto podrá propagarse. «De aquí», sigue diciendo el mismo texto, «su valor colectivo, pues el ser creado en el individuo se trasvasa por el lenguaje a sus herederos biológicos, que partiendo de esa línea continúan la trayectoria».

El mismo fragmento afirma, por consiguiente, que es el poeta «un aspecto del ser creador en el campo de la emoción. Su misión es hacer sentir el mundo de un modo diferente». Por él, si llega de verdad a trascender las limitaciones de su yo individual, es posible que «lleguen a manifestarse otras voces remotas, otros movimientos universales... para que el hombre en cuanto ser y esencia universal llegue por otros caminos a la sensibilidad de la imaginación».

Con estas ideas y apetencias, es natural que Larrea sintiera cierta afinidad inicial por Rimbaud, quien se había vuelto a poner de moda por aquellos años gracias a la boga surrealista y a la publicación en 1929 del libro *Rimbaud le voyand,* de A. Rolland de Renéville, libro que leyó nuestro poeta en julio de ese año, cuando empezaba a salir de lo más hondo de su crisis. Recuérdese que fue en este libro donde se divulgó la famosa *Lettre du voyant,* cuyo interés para Larrea será evidente.

La lectura del libro nos convence de que la interpretación del autor de la vida de Rimbaud tenía que haber poseído un gran interés para Larrea. Rolland de Renéville ve en Rimbaud un místico que vio el absoluto, pero que se desesperó de poder comunicar su visión a un mundo cegado por el materialismo y el egoísmo. Al final, hablando de la destrucción por parte del poeta de *Une saison en enfer* y de su partida definitiva, quiere presentar estas acciones en términos de abnegación y de renuncia, o sea, como algo parecido a ese sacrificio de voluntad de que habla Larrea en sus textos de *Orbe*:

> «S'il tenta une dernière fois de leur faire entrevoir son âme, ce fût dans un besoin d'humilité et de rémission, qui s'exerça d'ailleurs en pure perte.[4] Devant l'incompréhension absolue qu'il encontra toujours, il détruisit les exemplaires de la *Saison* qu'il possédait, et decida de s'enfoncer dans les contrées horribles où l'on sait qu'il consuma le reste de ses jours.[5]

Pero para Larrea, después de meditar el caso de Rimbaud, el «sacrificio» de éste le parece falso. Se ocupa del caso en *Orbe* en unos fragmentos de 1932 en los que rechaza la interpretación de Rolland de Renéville. Sus opiniones arrojan luz sobre su propio concepto de «mística lírica». Tras volver a definir lo que es para él un temperamento místico, llega a la conclusión de que Rimbaud es todo lo contrario, porque después de tomar la decisión de renunciar a su voluntad, trata de usarla para llevar a cabo la acción iniciada, para «tener éxito» en un campo que precisa todo lo contrario. La condena es definitiva:

> A la ligera me parece que Rimbaud no es un temperamento místico (místico negro), pues no sintió la necesidad de abdicar de su voluntad. Justamente su obra está producida por el deseo de gozar de los privilegios místicos, para utilizarlos personalmente según su albedrío, esto es todo lo contrario. De ahí su suicidio místico, su diabolismo, fruto de desorden. Todo es falso, artificial. *Mon sort dépend de ce livre.* No sólo no renunció, sino que hasta última hora, con su último gesto vano, intentó atraer hacia sí, con vanas jactancias, la atención del mundo. Su pecaso fue el de la Soberbia. En vez de amar, buscó ser amado, pero sin llegar al fin...

Dice que la obra de Rimbaud es la del que «*quisiera ser* Vidente y se imagina que lo es. Todo falso...». En el mismo libro, *Orbe,* emitirá juicios parecidos sobre los surrealistas, y por motivos en el fondo idénticos. Testigo desde 1919 de los movimientos cubista y dadaísta, y habiendo reconocido personalmente en París a muchos de los poetas y pintores de estos grupos, Larrea vio con interés la aparición en 1924 del grupo surrealista.

Desde el principio le mereció una reacción equívoca. Ya conocía a varios de los fundadores, y pronto llegaría a conocer a otros; simpatizaba con muchas de las ambiciones expresadas en el primer manifiesto del movimiento, afines en su tendencia a las suyas propias; y aceptó con interés varias de las técnicas literarias allí propuestas, de las que haría con el tiempo algún uso. Pero las obras literarias de los surrealistas, con excepción de las poesías iniciales de Paul Eluard, le decepcionaron, pareciéndole «pura paja, sustancias negativas, desvitaminizadas, convencionalismos literarios sin significación ni emoción». Y lo que era peor, encontraba en André Breton un «afán exhibicionista», «una agresividad negativa», y un «histrionismo» que se sumaban, para él, en un «egocentrismo» propio de un «obsesivo y voluntarioso Yo individual que se expresa en público desde una tribuna, exigiendo el sacrificio de cuanto no pueda servir a alimentar su incremento».[6]

Larrea estaba convencido en 1932 de que el grupo surrealista estaba llevando a cabo una tentativa parecida a la suya de producir «la revolución del ser unida a la revolución del Verbo», pero que, como la de Rimbaud, esta tentativa surrealista era una cosa fallida y falsa, cogida en la «trampa fatal» de la voluntad y del egoísmo. El texto larreano de 1932 es tajante:

> El surrealismo, como estado de espíritu, tal como se ha planteado, es una terrible lucha de la voluntad consciente por el ser. El individuo se apercibe que la conciencia está en desacuerdo con la manera de ser impuesta por la naturaleza, más aún, que la conciencia es impotente para dar al individuo subconsciente, dotado, los dones que desearía tener. Entonces la voluntad consciente, exasperada, como el caballero que, deseando tener entre sus piernas un buen caballo, no cuenta sino con un jumento, apalea no sólo su cabalgadura, ciego de ira,

> sino cuanto encuentra en el camino, como si las demás cosas tuvieran la culpa de lo que a él le sucede. Guerra a todo, muerte a todo, aniquilación. Y en el momento culminante de la crisis, como última esperanza sarcástica, la deificación del trote cochinero de su pollino.

De aquí, según nuestro poeta, la violencia y el odio que encuentra en muchos textos surrealistas, expresión del «fracaso del yo consciente» de hombres que «en sí mismos llevan una terrible limitación», ya que gracias a su tentativa de seguir controlándolo todo mediante la voluntad, «sus pasiones no son completas», predominando en ellos una parte de su ser, o los impulsos destructivos.[7]

Prisioneros de su yo y de su voluntad, les falta verdadero contenido interior y verdadera posibilidad de evolución hacia un nuevo modo de ser; por consiguiente, el lenguaje surrealista está esencialmente vacío de sentido:

> De este modo se va formando un lenguaje de una riqueza de matiz extraordinariamente grande, pero con instrumento tan fino en las manos, sucede que no hay nada que expresar directamente... El poeta, en vez de acatarse a lo esencial, se ha concretado a lo accesorio. En vez de dedicarse al estudio del hombre, se ha ocupado exclusivamente del lenguaje. El *hombre* falta o es de una carencia de interés manifiesta, siempre que no sea un monstruoso caso clínico.

De los dos elementos que Larrea juzgaba esenciales para llegar a la revolución del ser, a los surrealistas les hacía falta uno. En el lenguaje de «Mística lírica» puede decirse que para él los surrealistas no habían «jugado a sí mismos».

Era el defecto que había achacado a Rimbaud, a quien también critica, en otro fragmento de 1932, por haber desperdiciado un poder de expresión sumamente rico por falta de auténtico contenido que expresar: «Con el caso de Rimbaud asistimos al caso contrario de nuestros místicos españoles. Un espantoso fracaso interior, SUICIDIO, le hizo desaprovechar la quizá más grande riqueza verbal conocida. En cambio, nuestros iletrados, a fuerza de riqueza interior, consiguieron manejar un idioma con la más adorable y perfecta desenvoltura.»

Por consiguiente, las ideas de Larrea sobre la composición poética son en algunos aspectos parecidas a las de André Breton, pero nunca idénticas; y las divergencias son de importancia crítica. Como Reverdy y como Huidobro, Breton había centrado su visión de la maravilla poética en el poder de revelación de la imagen inaudita. Para Reverdy la imagen era producto del «esprit», concepto relacionado más con el de «inteligencia» que con el de «inconsciente».[8] Huidobro atribuía la creación de la imagen a un estado de «superconciencia» con predominio de la razón.[9] Para Breton la imagen sale como chispa del inconsciente sin intervención de la razón, que se limita a constatar y a apreciar el fenómeno luminoso.[10] Este es el punto de divergencia esencial entre cubistas o creacionistas y surrealistas.

En los textos que estamos examinando, Larrea difiere de las ideas de Reverdy y de Huidoro, pero también de las del surrealismo. Ya vimos que no cree, como Reverdy y Huidobro, en la dictadura de la razón o inteligencia. La inteligencia es para él un elemento que toma parte en esas luchas intestinas productoras del fenómeno poético. Pero a diferencia de Breton, que quiere descartarla, Larrea le asigna, como vimos, un papel activo aunque no predominante. El elemento inconsciente, decisivo para Breton, no lo es para Larrea, pues hace un papel parecido al de la inteligencia; los dos toman parte en un proceso dinámico e inestable de cuya lógica interna va saliendo la obra según sus potencialidades —con tal de que no intervenga la voluntad para deformarla de acuerdo con un fin predeterminado—. Lo que distingue a las ideas larreanas de las de cubistas y surrealistas a la vez es, pues, su insistencia en la cuestión de la voluntad y en la relación que tiene ésta con lo que llama «ser emotivo» o «ser expresivo».

Este concepto se emite en los textos de *Orbe* de manera rápida y algo descuidada, cosa natural dadas las circunstancias de su redacción. En vista de su importancia, y sin pretender aclarar totalmente la idea, examinaremos algunos de sus rasgos principales. Es una entidad dinámica e inestable que puede variar de contenido a corto plazo, durante la redacción de un poema, o a largo plazo, durante toda una época: por ejemplo, el «ser expresivo» de una época puede acusar predominio del factor «disgregación», o «análisis», para pasar luego a un estado posterior con predominio del factor «congregación», o «síntesis». Mezcla indisoluble de forma y contenido, no se limita ni al poema ni a la conciencia individual del poeta, ni a un tiempo limitado. Es por consiguiente un fenómeno transpersonal en el que coexisten elementos personales y colectivos, conscientes e inconscientes, elementos ya elaborados (por ejemplo, las palabras iniciales de un poema, ya escritas en una hoja de papel) con otros elementos todavía por elaborar. A la medida que se va creando la obra de acuerdo con el resultado de las luchas entre todos estos elementos enumerados, empieza a vislumbrarse un como sentido total, entre potencialidad y realidad ya lograda, que posee una lógica interna independiente de la voluntad personal del poeta.

Conviene subrayar la importancia de este concepto de totalidad a que nos acabamos de referir. La esencia poética no se limita para Larrea a esas imágenes aisladas, descargas que resultan de la conjunción nueva e inesperada de dos vocablos, de que hablan Reverdy, Huidobro y Breton. Habla, sí, en los textos estudiados hasta aquí, de la energía cósmica que «enemista dos palabras en el cráneo del poeta»; pero para añadir en seguida que esta misma energía «obliga a todo el idioma a entrar en ebullición». Esta «ebullición del idioma» tan típica de las poesías de Larrea, es también condición indispensable para sus teorías. Factores esenciales de su idea de este proceso son los conceptos de ***sucesión*** y ***multiplicidad.***

Esto lo vemos y casi lo tocamos en el tan citado poema «Razón» (1926), en el que Larrea daba razón de su manera de ser y de escribir:

> Sucesión de sonidos elocuentes movidos a resplandor,
> poema es esto
>   y esto
>   y esto

y esto que llega a mí en calidad de inocencia hoy,
que existe
porque existo
y porque el mundo existe
y porque los tres podemos dejar correctamente de existir.

Lo característico de la poesía de Larrea es cierta unidad orgánica y dinámica que corre eléctricamente por sus poemas de un cabo al otro, en series ininterrumpidas de frases e imágenes radioactivas. Lo cual corresponde exactamente a sus teorías. El «ser emotivo» lo concibe Larrea como entidad vibrante, pululante. «Abdicar de la voluntad» y de la elección consciente de un fin artístico predeterminado, enriquece notablemente a su poesía. Todo, incluidos los factores que algunos vanguardistas habían querido desterrar de la poesía, tiene billete de entrada y derecho a participar en esa lucha libre de palabras, sensaciones e ideas. Dice el fragmento citado de 11 de abril de 1932 que

> Las palabras se suceden atraídas por sus diferentes aspectos, la harmonía y las desharmonías melódica y rítmica, la multitud de sentidos que sobre ellos gravitan, la sintaxis, la expresión metafísica y simbólica...

El sentido de la obra exigirá que de estos sentidos múltiples de las palabras, uno predomine sobre los demás. Pero hay que tener el oído atento a los otros sentidos. El poeta dice en un fragmento de 17 de abril de 1932 que «los múltiples sentidos de las palabras llegan a la comprensión condicionados por las otras que las rodean. Es decir, que en cuanto a comprensión se despojan de los demás sentidos, que quedan sin embargo vibrando interiomente como una harmonía inagotable, y no sólo su valor significativo... sino hasta la significación de su pura presencia».* El respeto por la materia prima, en este caso las palabras y sus secretas vibraciones individuales, distingue no sólo a las ideas larreanas sobre poesía sino a su poesía propia, dándole ese misterioso poder de fascinación tantas veces notada por los poetas.

Porque parece esencial para la comprensión de este aspecto de la poesía y de la poética de Larrea, me permito, a manera de colofón ilustrativo, dar un vistazo hacia adelante para estudiar brevemente un texto posterior a 1932 que viene a corroborar de manera oportuna lo que acabo de afirmar. Se trata del ensayo «Reconocimiento al Perú», escrito en diciembre de 1956, «entre dedicatoria y preámbulo», para su libro *Corona incaica,* colección de estudios arqueológicos sobre las culturas precolombinas del Perú.[11]

Este texto extraordinario evoca en prosa poética de calidad excepcional el efecto que tuvo en la personalidad de Larrea su estancia en el Perú en 1931 y 1932. Hace hincapié en lo que significó para él, tanto en términos literales como simbólicamente, el contacto con las murallas incaicas que todavía existen en el Cuzco y sus alrededores, ponderando «las palpitaciones indecibles de esa ciudad» y de su «atmósfera enajenatoria» (p. 30). Las piedras incaicas son con frecuencia de tamaño imponente, siempre perfectamente ajustadas unas con otras sin uso de mortero. No hay ningún adorno, y cada piedra individual ha sido respetada en lo que parece ser su forma original. Los artesanos no las han cortado ni en formas cuadradas ni en tamaños uniformes. La perfección del resultado provoca por consiguiente en testigos familiarizados con la tradición occidental el asombro de lo aparentemente milagroso.

Larrea llama a estas construcciones, que casi parecen obedecer a sus propias ideas sobre el respeto por las palabras individuales, «poesía lapidaria» (p. 17). Encuentra en el ajuste de las piedras del Cuzco las mismas características de sucesión, multiplicidad y dinamismo que nos son familiares en el contexto de su poesía y de su poética. La palabra poética sigue vibrando para él en todas sus acepciones y harmonías individuales a pesar de formar parte de un conjunto de otras palabras igualmente insobornadas. En este texto afirma que pasa lo mismo con las piedras incaicas, respetadas de tal forma «en su materialidad estricta» que cada una de ellas «bulle más allá de la geometría infantil o encarcelamiento estático de la extensión» (p. 14).

Las piedras del Inca son a cuál más singular e inconfundible:

> Así, tras un canto breve, se adapta a su recogimiento la mole molinera. Tras la piedra regular aparece la respingona y saltimbanqui. Tras la modosa y de buen ver, la atravesada y

> cejijunta, avara de ponderación, de miramiento. Tras la viril sin encono, aquella que bajo pezones pares incuba regazos de toda suerte (p. 23).

Pero al mismo tiempo estas mismas piedras tan individuales están perfectamente ajustadas entre sí, «unas en otras prendidas, engranadas, como en baile y como en danza; ya mejilla a mejilla juntas, con elasticidad de pez en barro, ya atenidas a conciertos en que, segura, la pesadumbre duerme.

Abruptas, peñascosas, acaparazonadas hacia fuera, cuando así es preciso; pulidas hasta lo inconcebible en su entendimiento mutuo» (p. 30).

En la ebullición de este «entendimiento» no hay nada estático; se trata de un proceso dinámico que fluye a lo largo de las murallas. Las contradicciones de las palabras y las pasiones del poeta se vuelven a encontrar en las construcciones del Inca, quien vio expresadas en sus piedras ensambladas «los talentos conjugados de su grandeza y de su pequeñez, de su regularidad a escuadra y de su singularidad castiza, de sus afirmaciones y negaciones de ocasión, de sus contrastes y harmonías, en suma, del dinamismo congénito a lo que es capaz de multiplicarse indefinidamente por sí mismo» (p. 17).

Como resultado de este fluir dinámico, las piedras conjugadas se suceden «como palabras tumultuosas con todas sus "suertes y sorpresas" en un aliento ininterrumpido...», «en un ir y venir poético donde la imaginación pone al desnudo lo perenne de su imprevisibilidad dentro de un como ritmo ocasional de estrofa» (p. 17).

Este fluir dinámico, este aliento ininterrumpido, estas palabras tumultuosas de las piedras incaicas las encontramos también en la poesía de Larrea, donde las palabras, prendidas unas en otras y engranadas como en baile, siguen sin embargo vibrando al unísono con las notas complejas de su propia individualidad. Su visión de las piedras del Cuzco nos da también preciosas notas aclaratorias para esas ideas suyas sobre poesía que acabamos de exponer, ideas que de manera muy parecida, sin duda alguna, también siguen vibrando.

NOTAS

[1] En la primera sección de *Versión celeste,* «Metal de voz», sólo unos cinco poemas, terminado con «Cosmopolitano», se parecen realmente a los poemas típicamente creacionistas de Huidobro. Todos ellos datan de antes de 1926.

[2] *Versión celeste,* p. 308. «Presupuesto vital» salió en el primer número de *Favorables,* junio de 1926; ahora se consulta en VC, pp. 307-312. Su publicación en las antologías de Gerardo Diego (1932 y 1934) fue en forma fragmentaria.

[3] En 1935 y 1936 José Bergamín proyectaba publicar *Orbe,* pero intervino la guerra civil. Existe una versión copiada a máquina de gran parte de *Orbe,* trabajo hecho por César Vallejo. Una copia del manuscrito está en manos de Gerardo Diego. Pero César Vallejo no copió todos los textos. Para evitar posibles confusiones, señalamos las citas de textos no copiados por Vallejo con un asterisco.

[4] Nótese que parte de esta frase, «en pure perte», aparece como título de una sección de *Versión celeste.*

[5] A. ROLLAND DE RENÉVILLE: *Rimbaud le voyant* (París, Au Sans Pareil, 1929), p. 178.

[6] JUAN LARREA: «César Vallejo frente a André Breton», *Revista de la Universidad Nacional de Córdoba,* núms. 3-4, 1969, pp. 27-29. Texto muy posterior; pero en seguida citaremos un texto de 1932 que confirma la validez del otro.

[7] Larrea había dicho en «Mística lírica»: «No hay que hacerse un modelo, sino un amor, y por amor entiéndanse todas las pasiones, absolutamente todas, desenvueltas en toda su potencia. Reunir todas esas pasiones contradictorias en apariencia en una sola vibración, eso será amor: la impureza, la pureza, la bajeza, la altura, el menosprecio, el perdón, la venganza; aglutinarlas todas hasta que sea imposible llamarlas por sus nombres, porque forman un todo variable a cada instante.» Es evidente que para Larrea los surrealistas eran incapaces de hacer esto.

[8] PIERRE REVERDY: «L'image», *Nord-Sud,* 8, octubre de 1918.

[9] *Manifestes,* pp. 12-16.

[10] *Les manifestes du surréalisme,* París, 1946, p. 62.

[11] *Corona incaica* (Universidad Nacional de Córdoba, 1958), pp. 11-54.

Capítulo VIII

LARREA Y NERUDA: RAZON DE UNA POLEMICA

Cuando Pablo Neruda publicó sus *Nuevas odas elementales* el libro contenía un poema, la «Oda a Juan Tarrea», que habrá sido, para la gran masa de los lectores de Neruda, un poema hermético, acaso tan hermético como los poemas de época anterior que motivaron el famoso estudio de Amado Alonso. En este caso el posible hermetismo del texto no se debería al lenguaje, pues el poema está redactado en un lenguaje prosaico que no crea mayores dificultades. Pero el tema sí podría haber ofrecido problemas a un lector no especializado, pues constituye un ataque contra el hombre, el poeta Juan Larrea, cuyas múltiples actividades no eran bien conocidas entre el gran público de lengua española. El ataque de Neruda está lleno de referencias a los detalles más minuciosos de la vida de Larrea, detalles que el lector medio no podía entender.

Ahora, gracias a la publicación de las poesías completas de Larrea, en Italia y luego en España, el poeta bilbaíno empieza a salir de la semioscuridad en que por azares de la vida y en parte por iniciativa propia se había sumido. Pero por motivos que se verán en seguida, Larrea dista todavía de tener la fama que debería merecer un hombre de tanto talento, tantas actividades y tanta influencia.

«Indiferente siempre ante los estímulos de la publicidad».[1] Juan Larrea ha gozado, sin embargo, casi a pesar suyo, de un gran prestigio. «A pesar de su obra escasa», decía el *Diccionario de la Literatura Española* de la *Revista de Occidente* (antes de la reciente publicación de sus poesías completas), «por la original arquitectura de su metáfora, ha influido decisivamente en líricos de su generación, tales como Alberti, Aleixandre y Gerardo Diego. «Vittorio Bodini le llama, como sabemos, el «padre misconosciuto del surrealismo in Spagna».[2] Amigo íntimo de Gerardo Diego y discípulo con éste de Vicente Huidobro, nunca buscaba publicar sus poesías, algunas de las cuales aparecieron en revistas españolas a partir de 1919 por iniciativa de Cansinos Assens y sobre todo de Gerardo Diego, quien incluyó varias poesías de Larrea en sus conocidas antologías de 1932 y 1934, año en que también por iniciativa de Diego se publicó en México la colección de poesía en prosa titulada *Oscuro dominio,* y antes (27-28) en cada uno de los números de la revista *Carmen.* Movido por un hondo deseo de entregarse a una experiencia vital más llena y más poética, Larrea abandonó España en 1926, estableciéndose en París donde colaboró y convivió con su entrañable amigo César Vallejo.

Siguiendo su búsqueda de un más allá cultural, Larrea se traslada en 1930 al Perú, donde el aire de la altiplanicie cambia definitivamente su vida. Volvió a Europa con una importante colección de antigüedades incaicas que se expuso en París, Madrid y Sevilla. Bajo la inspiración de su experiencia americana y pudiendo hacerlo con relativa facilidad gracias a su formación profesional como archivero, bibliotecario y arqueólogo, se dedicó desde su vuelta a Europa al estudio y a la difusión de la arqueología americana. Poco antes de la guerra de España había pasado una temporada de vuelta en España, cerca de Madrid, donde promovió la fundación, en 1935, de una Asociación de Amigos de la Arqueología Americana, con planes para fundar un Museo y Biblioteca de Indias.

La guerra española lo sorprendió de vuelta en Francia, donde tomó parte activa en las actividades de la República en París. En octubre de 1937, durante un viaje que hizo a España, donó en Valencia la Colección Larrea de antigüedades peruanas al pueblo español. El 12 de octubre de aquel año redactó con Tomás Navarro Tomás el decreto que creó oficialmente el Museo y Biblioteca de Indias, de cuyas colecciones fue núcleo inicial la Colección Larrea.

De vuelta en París trabaja por la Embajada de la República, representando a la Embajada en sus relaciones con Picasso para arreglar la exposición del *Guernica* en el Pabellón Español de la Exposición Mundial. El día de viernes santo de 1938 presencia en París la muerte de César Vallejo, escribiendo luego para un homenaje a Vallejo publicado por el boletín *Nuestra España* el conocido texto «Profecía de América», publicado luego como prólogo a la primera edición de *España, aparta de mí este cáliz.*

A raíz de la derrota de la República, Larrea promueve en París la fundación de una Junta de Cultura Española que facilite la emigración de los intelectuales españoles refugiados hacia América y en especial hacia México. Sirve como secretario y luego como copresidente de la Junta, que se traslada a México a fines de 1939. En febrero de 1940 Larrea empieza a publicar la revista *España Peregrina,* órgano de la junta. Promueve luego con un grupo de intelectuales españoles y mexicanos la creación de la gran revista *Cuadernos Americanos,* de la que fue secretario y en realidad codirector hasta 1949. Publica en México varios ensayos sobre la mutación de la cultura occidental y creación de una nueva conciencia cultural de alcance planetario.

En 1949 recibe la beca de la fundación norteamericana Guggenheim; se traslada a Nueva York, donde vive hasta 1956, con renovadas becas que le permiten dedicarse por entero a estudios que tienen por resultado la elaboración de un gran mito apocalíptico con relación a América y el futuro de la cultura. Desde 1956 vive en Córdoba, Argentina, donde se entrega al estudio de la trayectoria cultural de América y a las figuras de César Vallejo y Rubén Darío como representantes de la misma. Funda la revista *Aula Vallejo* y organiza dos simposios internacionales (1959 y 1967) dedicados a la figura del poeta. Entre sus múltiples actividades, es un estudioso de la arqueología peruana, de los orígenes del cristianismo, de la pintura y escultura modernas y de otros campos culturales a los cuales ha contribuido con importantes textos, así los ya publicados como los inéditos, algunos de los cuales deberían publicarse sin más tardar. La publicación de sus poesías completas en 1970 en la edición española definitiva revela la plenitud de una etapa de una gran experiencia poética que no se terminó cuando el autor dejó de escribir versos en 1932, sino que se iba profundizando en los estudios que dedicaba Larrea a la poesía de la cultura.

Este es el Juan Larrea que sirve de base a Neruda para la elaboración de la figura caricaturesca de *Juan Tarrea,* muñeco que es y no es semejante al Larrea de carne y hueso. Sin duda esta técnica de la caricatura es muy útil para el autor, ya que le permite atribuir libremente al muñeco acciones que achacadas a una persona real podrían ser acusaciones difamatorias que hiciesen llegar la cosa a los tribunales. Pero con el muñeco «Tarrea» no hay semejantes peligros. Al muñeco «Tarrea», vasco errante, ladrón y buhonero, se le acusa de haber robado las tumbas incaicas del Perú:

En el desamparado
Perú, saqueó las tumbas.
Al pequeño serrano,
al indio andino,
el protector Tarrea
dio la mano
pero la retiró con los anillos.
Arrasó las turquesas.
A Bilbao se fue con las vasijas.

Al muñeco «Tarrea» se le acusa igualmente de haberse ocupado de manera indebida, y por motivos de bajo interés, de ciertos poetas hispanoamericanos, y señaladamente de César Vallejo: «Después / se colgó de Vallejo, / le ayudó a bien morir / y luego puso / un pequeño almacén / de prólogos y epílogos.» Al buhonero «Tarrea», que «con boina / de sotacura y uñas / de prestamista» anda vendiendo por el continente su «baratillo viejo / de saldos metafísicos, / de seudo magia / negra / y de meseánica / quincallería», Neruda le manda, en nombre de América, que vuelva a España. Pertenece, según el autor de la oda, a un tipo de español que es *persona non grata* en el Nuevo Mundo:

Al español, a la española amamos,
a la sencilla gente
que trabaja y discurre,
al hijo luminoso
de la guerra terrible,
al capitán valiente
y al labrador
sincero
deseamos...

pero
tú,
Tarrea, vuelve
a tu calambache
de Bilbao,
a la huesa
del monasterio pútrido
golpea
a la puerta del Caudillo,
eres su emanación,
su nimbo negro,
su viudedad vacía.

Lo propio de la caricatura es la deformación sistemática de ciertos rasgos auténticos de la persona aludida. No cabe duda, como se verá en seguida, que las deformaciones que practica Neruda para fabricar su muñeco «Tarrea» están llevadas a cabo con destreza y que el autor ha escogido como materia prima los hechos más importantes de la carrera de Larrea. Examinaremos algunas de las principales deformaciones de la caricatura «Tarrea» a la luz de los correspondientes rasgos auténticos de la vida del Juan Larrea de carne y hueso. A modo de introducción a estas notas, comentaremos las circunstancias que dieron lugar a la composición de la oda.

Origen inmediato del poema. En vista de los detalles publicados por Larrea sobre este punto,[3] podemos abreviar el relato de este episodio. A instancias de Mariano Picón-Salas, Larrea otorgó en abril de 1954 una entrevista al poeta y periodista venezolano Rafael Pineda, quien la publicó en el *Papel Literario* del diario *El*

Nacional, de Caracas, con fecha 29 de julio de 1954, y titulado «Juan Larrea y el Nuevo Mundo». Escrito con evidente falta de simpatía personal para con Larrea («la recelosa mirada del eremita sorprendido por el curioso impertinente...», «la palidez jesuítica de su rostro...», etc.), el artículo presenta una como parodia del pensamiento de Larrea acerca de los destinos culturales de Hispanoamérica. Se trata de un resumen de los conceptos expuestos por Larrea en su ensayo *Surrealismo entre viejo y nuevo mundo* (México, 1944), reimpreso ahora en el tomo *Del Surrealismo a Machupicchu* (1967). Se repite en la entrevista la afirmación de Larrea de que Rubén Darío es el más grande de los poetas hispanoamericanos, superior en fuerza creadora a Pablo Neruda, el cual, con poseer un gran talento poético, representaba para Larrea una fuerza más bien negativa por su sumisión a la propaganda política.

Por las referencias a Pineda contenidos en la oda, se ve que este poema es posterior a la entrevista otorgada por Larrea. Hay que suponer, como afirma Larrea en su «Carta a un escritor chileno...», que el motivo inmediato del poema de Neruda es la repetición en la entrevista con Pineda de las críticas, bastante duras por cierto, que le hiciera a Neruda en *El surrealismo entre viejo y nuevo mundo,* y que éste esperó diez años para contestar porque en 1944 Larrea estaba respaldado por el prestigio de su puesto en *Cuadernos Americanos,* al paso que en 1954 estaba medio olvidado y como indefenso tras sus largos años de encierro en las bibliotecas newyorquinas.

Las dos metáforas. En este ataque contra Larrea, Neruda se vale de dos metáforas centrales que son otros tantos instrumentos deformadores. Es la primera la del muñeco-buhonero «Tarrea». Mediante esta imagen se intenta afirmar que Larrea, hombre que jamás quiso hacer carrera, que huyó siempre de la publicidad, que nunca pidió recompensas y que es del tipo de hombre *desinteresado* por excelencia, es un indiano valleinclanesco movido por bajos intereses. Con la segunda de sus metáforas, la de «yo soy América», Neruda lleva a cabo una operación semejante. Rival de Darío y de Vallejo, deseoso de suplantarlos como poetas representativos del continente, se convierte a sí mismo en América. Así sus rivales llegan a ser sus cachorros, y él es su defensor. («No toques / a Darío, no vendas / a Vallejo...») Las dos metáforas son dos inversiones de la realidad que le sirven de punto de partida. Larrea se convierte en «Tarrea», el ladrón que ataca a los poetas de América; Neruda, en cambio, que no desdeñó el papel de agente viajero de Stalin, se nos presenta como esencia de América y como protector de sus poetas. En primer término, montará su ataque contra la vocación americana en que se cifra la vida del poeta vizcaíno.

Larrea y el mito de América. Larrea creyó siempre en la poesía como fe de vida. Despreció la literatura de oficio, pensando, como los surrealistas, con los cuales tiene puntos de contacto sin ser nunca de su devoción, que la verdadera poesía se encuentra en una entrega total a los «azares» de la vida. El deseo de salir de los límites de la tradicional conciencia dualista de Occidente toma en su caso la forma de una vocación apocalíptica de vida nueva, de «nuevo mundo» metafísico que se relaciona para él, acaso por circunstancias biográficas, con ese otro Nuevo Mundo, realidad tanto geográfica como sicológica, que es América. Este deseo de «nuevo mundo» quizá apuntaba hacia América mucho antes del primer viaje de Larrea al Perú; el mismo Larrea encontraba sorprendentes estos versos, bien significativos a la luz de sucesos posteriores, que publicó en 1919 en la revista sevillana *Grecia:* «Finis terre la / soledad del abismo / Aún más allá / Aún tengo que huir de mí mismo.»

El hecho de que la tierra prometida tomara pronto la forma definitiva de América se debe en parte a las relaciones amistosas de Larrea con Vicente Huidobro, César Vallejo y otros sudamericanos. Siguiendo el ejemplo de Huidobro, Larrea se establece en París en 1926, como vimos. Allí Huidobro ya le había facilitado la entrada a ciertos medios artísticos; en casa del chileno había conocido Larrea a César Vallejo. Pero el ambiente de París tampoco satisface a Larrea. Su vocación de vida nueva lo lleva a abandonar Europa en busca del «oxígeno imaginativo indispensable para seguir viviendo».[4] En 1930 emprende un viaje al Perú. Allá en el Cuzco, ante el deslumbramiento que le producen las piedras incaicas y en vista de una serie de experiencias muy particulares, experimenta una a modo de crisis mística que viene a ser el acontecimiento central de su vida. A raíz de sus experiencias peruanas se convence de que los sucesos históricos son la expresión de una especie de inconsciente colectivo, que estos sucesos se organizan espontáneamente en contenidos hasta cierto punto comparables a los contenidos míticos o poéticos, sin el conocimiento ni voluntad de las personas que toman parte en ellos, y que estos sucesos sólo se pueden «leer» por modo de exégesis poética.[5]

Esta creencia, que va elaborando y profundizando a lo largo de los años, determina la conducta y los escritos de Larrea hasta el día de su muerte. A ella se refiere cuanto hace y escribe desde 1931: dedicación, desde su vuelta a Europa en aquel año, a la arqueología americana; distanciamiento voluntario de los poetas españoles de su generación; dedicación luego a la causa de la República Española y a la causa de la cultura española en el destierro; elaboración de un inmenso mito apocalíptico de América como tierra prometida de una nueva conciencia cultural universal, mito con el que se relacionarán su devoción a las figuras de Rubén Darío y de César Vallejo, su famosa interpretación del *Guernica* de Picasso, sus estudios sobre el surrealismo, y los largos años de investigación en las bibliotecas de Nueva York que culminan en la publicación de las obras biblio-poéticas en las que da forma articulada al mito.[6]

En la «Oda a Juan Tarrea», Pablo Neruda rechaza el mito americano de Larrea de dos maneras. Lo ridiculiza en conjunto («una inservible y necia / baratija / con sueños / de gusano / o mentiras / de falso apocalipsis», etc.) y también lo ataca en sus detalles, interpretando a su manera cosas que para Larrea tienen un significado muy distinto del que les atribuye el chileno. Así pasa en el caso de la conocida colección de objetos precolombinos que donó Larrea a la República Española.

La colección Larrea. «En el desamparado / Perú, saqueó las tumbas.» Encontrándose en el Cuzco en 1930, Larrea gastó el dinero de una herencia que acababa de recibir comprando una colección de artefactos precolombinos que unos anticuarios venían reuniendo desde hacía un cuarto de siglo. Llevó la colección, no a Bilbao, sino a París, donde se expuso con notable éxito de junio a octubre de 1933, en el palacio del Trocadero, exposición patrocinada por el Museo de Etnografía de París. En 1935 Larrea traslada la colección a Madrid. Entregado ya con fervor al estudio de la arqueología peruana, promueve en la capital de España la fundación de una Asociación de Amigos de la Arqueología Americana, de la que fue secretario de la Junta Directiva. Figuraban como socios de honor de dicha Asociación los miembros del cuerpo diplomático hispanoamericano. En mayo de 1935 se inaugura en la Biblioteca Nacional una exposición de la colección Larrea, patrocinada por la Biblioteca y por la Academia de la Historia. La inauguración de la exposición de la colección Larrea, y citamos la fraseología oficial, «constituyó una hermosa fiesta hispanoamericana, con asistencia del Presidente de la República y el pleno del Cuerpo Diplomático y con doctos e importantes discursos de D. Rafael Altamira y del Ministro del Perú».[7]

En octubre del mismo año de 1935, al celebrarse en Sevilla el XXVI Congreso Internacional de Americanistas, se expuso en esa ciudad gran parte de la colección Larrea. La Asociación de Amigos de la Arqueología Americana proyectaba construir en Madrid, en la Ciudad Universitaria, un Museo de Indias, para depositar en él, como núcleo de la futura colección general, la de Larrea. Como ya vimos, este museo fue creado, durante la guerra civil, por un decreto del gobierno republicano publicado el día 12 de octubre de 1937. A este museo donó Larrea su colección, «en apoyo a la causa popular», y para señalar la relación que existía para él entre la República Española y el Nuevo Mundo. Por este motivo se tributó un homenaje público a Larrea en Valencia en 1938. La colección Larrea forma parte hoy del Museo de América de Madrid.

Es curioso notar que de los muchos objetos que integran la colección, figura entre los más ponderados una serie de treinta y nueve personajes tallados en turquesa. ¿Serán estas las turquesas del verso de Neruda? El cual vio y admiró la colección en Madrid en 1935, estuvo en Valencia en 1937, y no podía menos de saber lo que significaba su donación a la República para Juan Larrea. Pero en la oda («Arrasó las turquesas. / A Bilbao se fue con las vasijas»), todos estos hechos se vuelven al revés. La adquisición de la colección se convierte en robo y Larrea en el vendedor ambulante «Tarrea», que ofrece su «melancólica mercadería» de «saldos metafísicos» a cambio de los tesoros de América, entre los cuales no deja de figurar «el oro / de Pineda...» [sic]. Neruda seguirá usando la misma técnica, la de contar las cosas al revés, al hablar de los vascos, tema que tratamos a continuación.

La uña de Euskadi. El muñeco «Tarrea» tiene «boina / de sotacura y uñas / de prestamista». Pone en el mapa del continente «la larga uña de Euskadi». Ha puesto «un pequeño almacén / de prólogos y epílogos». Los que conocen el *Canto general* de Neruda no tendrán dificultad en ver en el muñeco «Tarrea» otra encarnación de la figura del vasco explotador de América que hace un papel destacado en dicho poema. Después de la conquista, dice el poeta chileno en su *Canto general,* «vinieron a poblar la herencia / usureros de Euskadi, / nietos de Loyola...» Estos «llegan con su escudo de armas: / un látigo y una alpargata».[8] Aquí vemos la misma combinación de usura y fanatismo que se achaca en la oda al muñeco «Tarrea». La misma semejanza, incluso de vocabulario, se nota en otro pasaje del *Canto general,* en el que se dice de los vascos que «expulsaron al conquistador / y establecieron la conquista / del almacén de ultramarinos».[9]

En los dos poemas los vascos figuran como codiciosos y fanáticos. En los dos poemas, además, los vascos quedan excluidos de los españoles dados por *buenos* en el concepto de Neruda. En ambos poemas los españoles *buenos* son soldados; los del *Canto general* son los soldados de la conquista, crueles y duros, pero en fin «pueblo» y así dignos de perdón. En la «Oda a Juan Tarrea», los *buenos* son los soldados republicanos de la guerra civil, como ya vimos, con los cuales el muñeco «Tarrea», y parece que también los demás vascos, forman un contraste total. En los dos poemas los vascos explotan el sudor y el sufrimiento de los españoles buenos. Quien vuelva a leer la oda verá que la condena total que se pronuncia allí contra «Tarrea» parece extenderse también a su patria chica, la «ría / mercantil, marinera», que se ve asociado en el poema con el «monasterio pútrido» y demás elementos condenados por el poeta.

Sin duda el odio que expresa Neruda en su *Canto general* hacia las familias pudientes chilenas de origen vasco es un fenómeno frecuente entre intelectuales chilenos; en otras circunstancias hubiera sido posible explicar los pasajes del *Canto general* citados en este estudio sin referirnos a Juan Larrea. Pero al confrontar las dos obras es difícil explicar las semejanzas en la manera de tratar a los vascos como mera coincidencia. Como la oda es posterior al *Canto general,* parecería lógico, a primera vista, suponer que en la oda Neruda aplica a su «Tarrea» fórmulas acuñadas antes, o sea durante la composición del *Canto general.* Un lector que no conociese la «petite histoire» de las relaciones entre Neruda y Larrea creería, naturalmente, que los ataques contra los vascos del *Canto general* se hicieron sin pensar en Juan Larrea ni en ningún individuo específico.

Pero el asunto es más complicado. Porque Neruda empezó a escribir algunos de los trozos más importantes de su *Canto general* en 1945, esto es, bajo la impresión de la lectura de la crítica que de su poesía había hecho Larrea en su *Surrealismo entre viejo y nuevo mundo* (1944). En este ensayo Larrea afirmaba, como había dicho Rodó en su día del joven Rubén Darío de marquesas y cisnes, que Neruda *no era el poeta de América.* Las frases de Larrea habían sido tajantes y reiteradas. «... Si la persona de Neruda afirma sus plantas en América, su espíritu no reside en el Nuevo Mundo.» En otra página Larrea presenta, en una serie de contrastes entre Neruda y Darío, el de «Darío, Nuevo continente; Neruda, antiguo continente». Y al hablar de otro contraste, entre Neruda por un lado y Bolívar, Martí y Darío por otro, no vacila Larrea en sentar que «los tres vivieron deslumbrados por el destino de América, cosa que, por lo menos todavía, no reza con Neruda».[10] En la misma página Larrea alude a un grupo de «poetas claves» de América, entre los cuales figuran Vallejo y Darío, pero en cuya lista no aparece el nombre de Neruda. Los poetas «claves» son profetas de la trascendencia de la cultura americana, que por el amor cósmico llegan a la videncia. Este *amor* y este afán de trascendencia no se dejaban sentir, según Larrea, en la poesía de Neruda.

Era cierto en 1944, a juzgar por la poesía que hasta entonces había publicado, que Neruda no había dado muestras de «vivir deslumbrado por el destino de América». Pero a fines de 1945 escribe su «Alturas de Machupicchu», en que se arroga el papel de poeta profético de América. Este poema, que formará luego una sección importante del *Canto general,* contiene como verso clave la frase, inusitada por entonces en su poesía: «Sube conmigo, amor americano.» El *Canto general,* a su vez, se iniciará con un poema titulado «Amor América (1400)». Por esto y por otros detalles semejantes afirma Larrea, y no sin razón, que el *Canto general* que conocemos, anunciado antes de la publicación de las críticas de Larrea como *Canto general de Chile* (que no de América), es en cierta medida una réplica a las afirmaciones del bilbaíno.[11]

De ser esto así, la coincidencia en las fórmulas verbales entre la oda y el *Canto general* se debería a que los dos poemas, y no sólo la oda, se dirigen contra Juan Larrea. Se explicaría también, por lo menos en parte, la peregrina ocurrencia de señalar a los vascos de modo tan exclusivo como raza maldita de explotadores del reino y ultramar.

Sin embargo, es extraña la impresión que produce la «Oda a Juan Tarrea» de ir dirigida contra los vascos en general y no sólo contra Larrea. Una nueva relectura del texto confirma la sospecha; en la oda la «ría / mercantil, marinera» va asociada con la muerte, la codicia y el fanatismo, como si ningún vizcaíno hubiese de merecer la bendición que echa Neruda a «la sencilla gente / que trabaja y discurre, / al hijo luminoso / de la guerra / terrible, / al capitán valiente / y al labrador sincero». No hay duda de que el texto implica esta condena general de los vascos. Y el asunto es extraño. ¿Qué saldría ganando Neruda con semejante deformación de la verdad? En otros casos la cosa podría atribuirse a un descuido por parte del autor, pero no parece lícito pensar en descuidos en un texto elaborado con tanto cuidado como se nota en esta oda.

Pero la aparente inquina contra los vascos y en particular contra los vizcaínos nos lleva a pensar que en Vizcaya se encuentra la villa de Guernica. La destrucción de Guernica, acaecida el 28 de abril de 1937 , basta por sí sola para hacer patente la aparente incongruencia de silenciar o de negar, consciente o inconscientemente, el papel de los vascos en la tragedia española. Incongruencia mayor todavía si tenemos en cuenta que en el «Canto sobre unas ruinas» de *España en el corazón,* Neruda se refería precisamente a las ruinas de Guernica.[12] Pero la incongruencia desaparece cuando nos fijamos en ciertos aspectos del famoso *Guernica* de Picasso, cuadro inspirado por aquel mismo acontecimiento. Conviene recordar que el cuadro y los bocetos preliminares de Picasso motivaron a su vez un texto interpretativo titulado *La visión de Guernica,* texto publicado primero en traducción inglesa y que figura entre las obras más conocidas de Juan Larrea. El que haya leído *La visión de Guernica* recordará que para Larrea el cuadro de Picasso, inspirado en primer término por la destrucción de la «pacífica capital de la democracia vasca», es un como «Ecce Mundus» en el que se expresa el sacrificio del pueblo español todo.[13] Para Larrea la España inmolada habla por Picasso, así como para el mismo autor Hispanoamérica, en cuanto hija adolorida de esta misma España, habla por boca de César Vallejo. En *La visión de Guernica,* Larrea reitera el mensaje de su libro *Rendición de espíritu,* según el cual el sacrificio del pueblo español apuntaba a ese más allá que era América, en términos así geográficos como metafísicos. La destrucción de la villa santa de Vizcaya, silenciada o negada implícitamente en la «Oda a Juan Tarrea», forma así uno de los núcleos del mito apocalíptico de América. Negar su importancia es otra forma de negar la «melancólica mercadería» de «Tarrea». Puede ser también una manera solapada de insinuar que él, Neruda, con su *España en el corazón,* y no Picasso o Vallejo, es el verdadero portavoz de la España sacrificada y de la solidaridad de Hispanoamérica con las víctimas.

No hay que pasar por alto otros dos aspectos de la *Visión de Guernica.* Notemos primero la cuestión del lenguaje simbólico que encuentra Larrea en el cuadro de Picasso. Para Larrea este lenguaje es de raíz bíblica y específicamente apocalíptica. Afirmar que la obra de un pintor comunista interpreta nada menos que la guerra de España en términos vinculados con la tradición cristiana no está calculado para el agrado de Neruda, sobre todo porque pudo recordarle las similares observaciones que acerca de César

Vallejo, otro artista de filiación marxista, había hecho Larrea en su conocido ensayo «Profecía de América», escrito en la muerte del cholo. Tampoco hubiera agradado a Neruda el detalle histórico, recogido en *La visión de Guernica,* de la hostilidad de los medios oficiales del comunismo español en París contra el cuadro Guernica. Como es sabido, la obra fue encargada para el pabellón español de la Feria Mundial de París de 1937. Es irónico el hecho de que los intelectuales republicanos no comunistas tuviesen que luchar contra los stalinistas españoles de París, los cuales querían *quitar* la obra del pabellón español por antisocial, ridícula e inadecuada para la sana mentalidad del proletariado.[14] A estos recuerdos, como a los de la falta de ayuda y comprensión de los mismos círculos para con un Vallejo enfermo y desesperado, más le valía a Neruda echarles tierra.

Vallejo. «Después, / se colgó de Vallejo, / y le ayudó a bien morir / y luego puso / un pequeño almacén / de prólogos y epílogos.» En esta cita la palabra «después» no tiene valor cronológico, porque los versos que acabamos de copiar figuran en la oda posteriomente a la alusión a la adquisición de la colección Larrea (1931), en tanto que Larrea comenzó su gran amistad con Vallejo en septiembre de 1924. Al decir «después», Neruda no hace más que dar a las relaciones entre los dos amigos su sitio exacto en la lista de los «crímenes» de «Tarrea», dando a entender además con la frase «se colgó de Vallejo» que «Tarrea» es un explotador de la fama del peruano.

Sin hacer un resumen detallado de las relaciones entre Larrea y Vallejo, podemos puntualizar algunos episodios parodiados en la oda.

Durante todos los años en que fueron íntimos amigos Larrea ayudó y protegió a Vallejo. Su actividad como diseminador de la obra de Vallejo se inició mucho antes de la muerte de Vallejo. Valga como ejemplo de tal actividad la segunda edición del *Trilce* del peruano, publicada en Madrid en 1930. Esta edición fue gestionada por Larrea en 1929 sin el conocimiento de Vallejo; Larrea fue quien solicitó para la reimpresión un prólogo a José Bergamín y un poema de salutación a Gerardo Diego.[15]

De las palabras «se colgó de Vallejo», basta como comentario lo ya referido. Pasemos al verso siguiente, «y le ayudó a bien morir». Es sabido que Larrea presenció la muerte de Vallejo en París, el 15 de abril, viernes santo, de 1938. No sabemos si es igualmente conocido el siguiente hecho, que muestra luminosamente el grado de estilización a que llega Neruda en el verso citado; según testimonio de un amigo peruano que también se hallaba en París el día de la muerte del poeta, Larrea se puso de acuerdo con un grupo de escritores peruanos para evitar que la Legación del Perú, contra los deseos del finado, le hiciera a Vallejo un entierro religioso.[16] Lo realmente acaecido en este caso resulta ser, pues, una vez más, una inversión total del sentido literal de los versos de Neruda. En sentido figurativo, la alusión a «ayudar a bien morir a Vallejo» se refiere, otra vez en son de burla, al significado que da Larrea a la muerte de Vallejo dentro de su mito apocalíptico de América, burla que continúa en los versos «y luego puso / un pequeño almacén / de prólogos y epílogos».

Se trata en este caso del artículo sobre Vallejo que con el título de «Profecía de América» publicó Larrea en junio de 1938 en el boletín *Nuestra España* y que luego se volvió a imprimir en México en 1940 como palabras preliminares de *España, aparta de mí este cáliz*. En este artículo, que cuenta entre lo más divulgado de su autor, Larrea afirma que Vallejo «murió de España», como consecuencia de su total identificación con los sufrimientos del pueblo español; insiste en el paralelo con la muerte del Cristo y afirma que la muerte del cholo expresaba, por así decirlo, la íntima conexión entre la tragedia española y el destino cultural de América. La vida y la obra de Vallejo serían así la voz más profunda de América, y entrañarían un mensaje de raíz apocalíptica que poco tendría que ver con las ambiciones de los correligionarios de Neruda. De aquí la ferocidad de la burla, con la que vuelve Neruda por los fueros de su partido y de su primacía poética como portavoz del continente. Es instructivo el contraste entre la manera en que Neruda utiliza la agonía de Vallejo como materia de burla y su postura de «protector» del mismo. Pero si el Neruda todavía no convertido oficialmente al comunismo pudo llamar trotskista al veterano marxista Vallejo, como se ha afirmado,[17] no nos extraña la actitud que parece mostrar en la oda para con su «protegido».

Por lo alto y por lo bajo. El sistema deformatorio de la «Oda a Juan Tarrea» queda claro; consiste en volver al revés, dándoles un valor negativo, sucesos que tienen para el Juan Larrea parodiado en la figura del muñeco «Tarrea» un valor especial dentro del conjunto de sus prioridades personales. Su falta de interés por lo que significa fama o lucro, llevada al grado de donar lo único que poseía de valor material a la causa común, y de preferir el anonimato a firmar sus poesías, y el puesto de secretario al de presidente, se convierte en vulgar codicia de buhonero. Los años de dedicación al estudio y fomento de los valores americanos son ahora años de explotación y saqueo. El que siempre ayudó a César Vallejo, antes y después de su muerte, se nos revela como un parásito indigno, etc.

Pero si el propósito de la oda es la difamación de Larrea, ¿por qué hace hincapié Neruda en detalles desconocidos para tantos lectores? Poco pueden significar para éstos las referencias a las turquesas y al «ayudar a bien morir» a César Vallejo. La pregunta sería legítima, pero la respuesta tampoco sería difícil de formular. Y es que en la «Oda a Juan Tarrea» Neruda se dirige simultáneamente a dos públicos: a los lectores en general, por un lado, y a Juan Larrea, por otro. La presentación de versiones falsas de importantes episodios de la experiencia de Larrea sirve a dos fines al mismo tiempo. Hablando en voz alta y dirigiéndose al gran público que ignora los detalles de la vida de Larrea, Neruda compone la caricatura fácil de su muñeco «Tarrea». La empresa es tanto más factible cuanto que el Juan Larrea de los estudios apocalípticos sobre el destino de América ha aceptado lealmente, con plena lucidez, el riesgo de que lo tomen por un loco quijotesco trastornado por «las muchas letras».[18] Aunque el público no entienda el verdadero alcance de ciertas burlas gastadas en la oda, sí puede sacar la idea general de que un poeta americano acreditado da una paliza bien merecida a un intruso maniático. No le preocupó a Neruda la posibilidad de que, si Larrea fuera de verdad un pobre demente, el público pudiera tomar a mal el espectáculo de un ataque despiadado contra un enfermo indefenso. Le interesaba otra cosa.

Mientras el poeta se dirige en voz alta al público, en voz baja habla simultáneamente a la víctima, gozando a la vez de volver al revés episodios como la muerte de César Vallejo y la donación de la colección Larrea y de poder hacerlo *impunemente* gracias a la ignorancia del público, ignorancia que de posible obstáculo para Neruda se convierte en ventaja positiva. La ignorancia del público funciona como una especie de mordaza que silencia a la víctima, técnica totalitaria que nos recuerda la manera en que los que ayer fueron héroes mañana dejan de existir gracias a la revisión oportuna de alguna enciclopedia oficial. La pesadilla orwelliana de la «Oda a Juan Tarrea» nos revela un poeta-carcelero o poeta-verdugo dispuesto no sólo a burlarse de su víctima, sino a asesinarlo poéticamente. Pero el atentado fue un fracaso, por los motivos que veremos.

Breve teoría del asesinato poético. Sobre la base de la experiencia de esta oda, podemos sentar los siguientes fundamentos para la práctica del verdadero asesinato poético. 1) La poesía y la magia, aunque tienen puntos de contacto, no son idénticas. Lo que puede servir para el asesinato *mágico,* esto es, el clavar alfileres en un muñeco, como el «Tarrea» de esta oda, que simula a la verdadera víctima, no vale para el asesinato *poético*. 2) A diferencia del asesinato mágico, el asesinato poético no puede ser simbólico, sino directo, tan vivo y directo como la misma poesía. Debe ser tan real como cualquier asesinato de la crónica de los sucesos, llevado a cabo a balazos o a navajazos. 3) Por consiguiente, la única arma eficaz para el asesinato poético es la verdad, esa verdad ineludible que la víctima quizá rehúye desde hace años, pero que llega implacable a matar. 4) A matar, decimos. El único resultado posible de un verdadero asesinato poético es el aniquilamiento del agredido. Ya no volverá a levantar cabeza.

Huelga decir a estas alturas que ninguna de dichas condiciones se ve cumplida en la «Oda a Juan Tarrea». El muñeco «Tarrea» sale malparado, pero los proyectiles lanzados hacia él no alcanzaron a Juan Larrea, que siguió ocupándose de César Vallejo, de Rubén Darío —y de Neruda[19]—, a pesar de las prohibiciones que pronuncia este último en su oda. Pero hay más; la obra de un autor, una vez publicada, ya no le pertenece. Una vez lanzado, un proyectil no se puede recuperar a voluntad; ya tiene su vida propia. Quién sabe si los proyectiles de Neruda no van a resultar a la larga, gracias a la trayectoria tortuosa que les dio el fabricante, proyectiles de acción retardada disparados en dirección circular. Si esto fuera así, cabría ver en la «Oda a Juan Tarrea» un bomerang. En este caso será interesante averiguar si el poema resulta tan poco peligroso para la buena fama de su autor como lo ha sido para la víctima. En fin, si no sirve para otra cosa, la oda, bien mirada, nos ayuda a conocer mejor a Pablo Neruda, ya que nos muestra en cierto modo —y utilizamos un verso de esta misma oda— «lo que es él».

NOTAS

[1] GERARDO DIEGO: *Poesía española contemporánea* (Madrid, Taurus, 1959), p. 650.

[2] *Versione celeste* (Torino, Einaudi, 1969), p. x.

[3] JUAN LARREA: «Carta a un escritor chileno que se interesa por la ''Oda a Juan Tarrea'' de Pablo Neruda», en *Del surrealismo a Machupicchu* (México, Joaquín Mortiz, 1967), pp. 101-130.

[4] JUAN LARREA: Carta a D. B., Córdoba, Argentina, 20 de octubre de 1962.

[5] Ver sobre esto JUAN LARREA: *Teleología de la cultura* (México, Los Sesenta, 1965), pp. 9-57.

[6] JUAN LARREA: *La espada de la paloma* y *Razón de ser* (México, 1956). Aquí culmina lo que se empezó a perfilar en «Profecía de América» (1938) y *Rendición de espíritu* (México, 1943) y otros textos de la época.

[7] Ministerio de Educación de Instrucción Pública, Dirección General de Bellas Artes: *La Colección Larrea* (Valencia, 1938), sin paginar [p. 3].

[8] *Obras completas* (Buenos Aires, 1956), p. 322.

[9] *Canto general,* IV, XXIII.

[10] *Del surrealismo a Machupicchu,* pp. 86-87, 89, 91 n.

[11] *Del surrealismo a Machupicchu,* p. 139.

[12] PABLO NERUDA: *España en el corazón* (Santiago, Ercilla, 1938), pp. 31-33. Esta sección del libro trae una foto de las ruinas de Guernica que lleva la leyenda GUERNICA.

[13] JUAN LARREA: *The Vision of Guernica* (New York, Curt Valentin, 1947), p. 27.

[14] JUAN LARREA: *César Vallejo, o Hispanoamérica en la cruz de su corazón* (Córdoba, Universidad Nacional, 1958), p. 94.

[15] GONZALO MORE: Carta al Dr. Manuel Chávez Lazo, mayo de 1938, publicada en ERNESTO MORE: *Huellas humanas* (Lima, 1954), pp. 24-26.

[16] *Del surrealismo a Machupicchu,* p. 109.

[17] JUAN LARREA: Carta a D. B., Córdoba, 23 de febrero de 1963.

[18] Ver la crítica que hace Larrea de «Alturas de Machupicchu», en *Del surrealismo a Machupicchu,* pp. 133-176, análisis a fondo de la técnica del poema así como de su contenido.

CAPÍTULO IX

LAS *OBRAS POETICAS COMPLETAS* DE CESAR VALLEJO SEGUN LA CRITICA TECNICA DE JUAN LARREA

La publicación en 1968 de las llamadas *Obras poéticas completas* de César Vallejo fue, o hubiera debido ser, un gran acontecimiento para los estudios de este poeta. Contiene, como se sabe, la reproducción facsimilar de los originales, unos cuantos escritos a mano, pero la gran mayoría a máquina; muchos de ellos corregidos con lápiz, a veces de manera muy extensa y complicada. Esto bastaba por sí solo para llamar la atención sobre la nueva edición. Pero resultaba además que la directora de la edición, Georgette de Vallejo, había introducido cambios muy notables en el orden cronológico de los poemas conocidos en ediciones anteriores como *Poemas Humanos,* y que los había dividido en dos libros, el primero de los cuales llevaba el título, antes desconocido, de *Poemas en Prosa.*[1]

Pero si no me equivoco, el público estudioso apenas si reaccionó ante todas estas novedades. Por ejemplo, la nueva edición no fue discutida en detalle, como hubiera sido de esperar, ni en el *Homenaje Internacional a César Vallejo* de la revista *Visión del Perú* ni en el número monográfico dedicado al poeta por la *Revista Iberoamericana.*[2] Algunos críticos han citado la edición, pero sólo para comprobar la lectura de algún poema a la luz de los facsímiles. Casi se puede decir que no se mencionó la nueva cronología ni la división en dos libros.[3]

La única tentativa de estudiar en serio la nueva edición parece haber sido la de Juan Larrea, en su largo artículo titulado «Los poemas póstumos de César Vallejo a la luz de su edición facsimilar» (1974).[4] Este ensayo, de más de cien páginas, incluye un meticuloso examen técnico de la edición. En él Larrea llega a la conclusión de que las revisiones cronológicas y la nueva división en dos libros no se justifican, por lo menos en la manera en que aparecen en OPC. Propone, en cambio, otra revisión cronológica, otra división en dos libros y otros títulos para dichos libros.

La minuciosidad del examen de Larrea justifica por sí solo que se le estudie y se tome en cuenta de ahora en adelante en toda discusión de OPC. Pero hay otra razón que hace más apremiante un estudio a fondo de los resultados a que llega Larrea en su ensayo. Me refiero a la publicación de dos ediciones críticas de la poesía de Vallejo que utilizan el sistema propuesto por Larrea. La primera es la de la *Poesía Completa* de Vallejo, al cuidado de Larrea con la asistencia de Felipe Daniel Obarrio;[5] la otra es la edición bilingüe publicada en los Estados Unidos por Clayton Eshleman y José Rubia Barcia.[6] En cuanto a seriedad, nivel técnico y amplitud de materiales incluidos, ambas ediciones son netamente superiores a todas las anteriores.

Pero la publicación de estas ediciones significa que ahora existen tres traducciones textuales de los poemas póstumos de Vallejo: 1) la que circula en la mayoría de las ediciones, basada en la edición príncipe de 1939; 2) la de OPC, y 3) la de las ediciones basadas en la propuesta de Larrea. Esto viene a complicar, en el estudio textual y biográfico de Vallejo, una situación que ya era bastante confusa.

Se impone un diálogo entre las diversas tendencias de la crítica vallejiana. Pero para que el diálogo sea constructivo, habrá que examinar antes, de modo desapasionado, las objeciones técnicas que presenta Larrea respecto a OPC. Porque las críticas de Larrea son graves y razonadas, y no se puede descartarlas sin más. En lo que sigue me propongo iniciar el estudio de estas objeciones, concentrándome en aquellos puntos técnicos que son objetivamente verificables y que no dependen de cuestiones de teoría literaria, filiación política, tendencia filosófica o amistad personal. Ya que el estudio de Larrea es largo y complejo, pongo a modo de prólogo un resumen del contenido total del ensayo.

El texto empieza con una descripción técnica del formato de OPC (57-59), seguida de unas observaciones sobre la exclusión de los poemas juveniles de Vallejo (59) y sobre lo que llama Larrea la inexactitud de la declaración de la propiedad literaria de los textos (59-60). El autor lamenta luego que se haya utilizado el texto de la segunda edición de *Trilce,* que Vallejo no cuidó y que contiene numerosos errores, aquí repetidos. Debió usarse la primera edición, preparada al cuidado del poeta (60-61). Estos y otros errores mecánicos constan en un apéndice (164).

Pasa luego a los facsímiles. A primera vista es evidente que la *editio princeps* (París, 1939), contiene aún más errores de lo que se había creído, y que es una edición, «más que príncipe, mendiga...» (62-65). Sin embargo, la OPC, a su vez, introduce nuevos y caprichosos errores. Se impone por lo tanto un examen a fondo.

Larrea empieza su examen con las transcripciones de los facsímiles. Estos son con frecuencia muy difíciles de leer a causa de las correcciones agregadas con lápiz por el poeta. A pesar de esta dificultad, la directora ha llevado a cabo esta tarea de modo ejemplar, salvo en un punto: en las transcripciones están suprimidas todas las fechas puestas por Vallejo que constan en los facsimilares (70).

Un estudio completo incluiría un análisis de los diferentes papeles de los originales. A Larrea esto le fue imposible; pero examinando de cerca a los facsímiles se puede ver que algunas hojas han sido utilizadas en ambos lados. Es posible identificar algunos de los poemas copiados en el dorso de ciertos facsímiles, lo que podría arrojar luz sobre la fecha de redacción de algunos poemas.

Punto muy importante es el de las distintas máquinas de escribir que utilizó Vallejo en estos originales. Las máquinas se pueden identificar de acuerdo con los tipos, los defectos, el país de origen, etcétera. Algunas de ellas son máquinas que también usó Vallejo para redactar textos conocidos y fechados, que se han publicado en fotocopia. Son interesantes los resultados del estudio de las máquinas, resumidos en tablas. Según el autor, dichos resultados no apoyan en ningún caso los cambios de fecha implícitos en la ordenación de muchos de los poemas póstumos. En vista de la evidencia de las máquinas y de otros factores, Larrea duda que haya existido un libro titulado *Poemas en Prosa,* sobre todo si bajo ese título se han de agrupar los textos que aparecen en ese lugar de OPC (79-87).

En la sección siguiente se presenta el punto de vista de Larrea sobre el probable contenido de un poemario que parece haber reunido Vallejo antes de la guerra civil española y que correspondería en parte a los *Poemas en Prosa* de OPC. Aquí repite Larrea su recuerdo, publicado antes, de que Vallejo pensaba darle a este «poemario fantasma» el título de *Nómina de huesos* (89-104).

El texto se ocupa luego de los poemas escritos después del estallido de la guerra civil, excluyendo por el momento a los de EAC, que tratará más tarde. Para dichos poemas propone Larrea el título de *Sermón de la barbarie* (105-121). Sigue luego el estudio de los originales de EAC, en el que Larrea señala interesantes pormenores de la evolución textual del libro y de los poemas individuales a la luz de las correcciones del poeta (126-159). Esta larga sección, como lo había hecho la anterior, combina páginas de análisis técnico con pasajes de crítica literaria y de polémicas. El apéndice I (160-163) discute y explica las diferencias en el orden de los poemas de EAC, 1) en las indicaciones que dejó Vallejo en los originales; 2) en la edición de 1939, y 3) en la edición mexicana de 1940. El apéndice II, ya citado, es una lista de errores mecánicos encontrados en OPC. Las páginas restantes (165-172) contienen un «Ensayo de Compilación y Ordenación de las Verdaderas Obras Poéticas Completas de César Vallejo, con miras a una edición futura». Este documento es el modelo de las ediciones de Eshleman-Barcia y de Larrea.

Pasemos ahora al estudio de los resultados que obtiene Larrea en su ensayo. El fundamento de sus argumentos, esto es, la evidencia física e histórica que pertenece al dominio público, constituye la parte de su estudio más fácil de juzgar y más difícil de refutar. En la mayoría de los casos me limitaré a asesorar este aspecto de su trabajo y a las conclusiones que en mi juicio se pueden o se deben sacar de este examen.

El primer punto que comentar es el elogio que hace Larrea de las transcripciones de los originales. Aunque no veo nada que justifique la supresión de las fechas, debo confesar que por lo demás las transcripciones me parecen excelentes. Las correcciones hechas con lápiz son muy complejas. Algunos poemas son verdaderos rompecabezas; pero mi idea es que OPC ha acertado sin excepción en esta tarea. Si se hubiera tenido el mismo cuidado en lo demás, todo andaría bien.

Al iniciar el examen de la ordenación de los poemas póstumos en OPC, es menester resumir brevemente, y de manera comparativa, las fechas de estos poemas en la edición de 1939. Dicha edición no está ordenada, por lo visto, según ningún esquema cronológico claro. La confusión más grande se observa en la versión de 1939 de EAC, donde los números y el orden cronológico de diez de los quince poemas se habían cambiado respecto a los originales de Vallejo, según ahora se ve al leer los facsímiles. Los otros poemas póstumos, titulados en la edición *Poemas Humanos* (aunque no por indicación de Vallejo), también estaban distribuidos de manera confusa. Los poemas fechados por Vallejo no siguen la cronología de esas fechas. En cuanto a los textos no fechados, la discrepancia más obvia consta en la colocación en posición final de una serie de textos poéticos en prosa, todos o casi todos de la década de los «veinte».

A pesar de este desorden cronológico, la edición original tiene la virtud de reproducir las fechas que había puesto Vallejo en los originales. Pero en el caso de siete poemas cuyos facsímiles no están fechados, la edición de 1939 había puesto fechas exactas o aproximadas que ahora no sabemos explicar. Tres de ellos llevaban fechas exactas («Alfonso, estás mirándome, lo veo», 9 de octubre de 1937; «Traspié entre dos estrellas», 11 de octubre; «Algo te identifica con el que se aleja de ti», 24 de noviembre). Otros cuatro poemas tenían fechas aproximadas («Salutación angélica», «Vers 1931»; «Y no me digan nada», «Hacia 1937»; «Dulzura por dulzura corazona», «Hacia 1937»; y «Los desgraciados», «Fin de noviembre o primera semana de diciembre 1937»).

En las transcripciones de OPC no hay fechas, ni las misteriosas de 1939 ni las que constan en los originales de Vallejo. La directora afirma que no hay que aceptar como verdaderas las fechas de Vallejo. Son las fechas en que revisó o copió los poemas, dice, y no las fechas de composición.[7] Pero la directora también asegura, contra lo que acabamos de citar, que los poemas póstumos de Vallejo están ordenados en OPC según una cronología exacta. En algunos casos las fechas de esta cronología coinciden exactamente con las fechas de Vallejo. Por ejemplo, los *Poemas Humanos* de OPC terminan con el poema «Ello es que el lugar donde me pongo». Vallejo fechó el poema el 21 de noviembre. Según la directora, este poema sí se compuso aquel mismo día, siendo además el último que escribió de ese libro («Apuntes biográficos», p. 169).

Según esto, el mismo texto de la directora nos asegura: a) que las fechas de los originales no pueden aceptarse como fechas de composición, y b) que algunas de estas fechas sí son precisamente las fechas de redacción de los poemas respectivos. Es esencial hacer notar, en un principio, que la directora no ofrece ninguna explicación ni prueba que ayude a aclarar esta situación. Ejemplo de estos misterios es el poema «Sermón sobre la muerte», 8 de diciembre según Vallejo. En OPC el poema aparece mucho antes que «Ello es que el lugar donde me pongo». En el caso de éste, la fecha de Vallejo se da por exacta. En el caso del primero, la fecha es rechazada, sin que acertemos a saber por qué.

En todo caso, en OPC los tres tomos en los que aparecen divididos los poemas póstumos tienen los siguientes títulos, con sus respectivas fechas; «*Poemas en Prosa,* 1923/24-1929; *Poemas Humanos,* octubre 1931-21 noviembre 1937; *España, aparta de mí este cáliz,* septiembre, octubre y noviembre de 1937». De los dos primeros tomos se dice que corresponden a dos «etapas» distintas, «cada una... perfectamente definida» («Apuntes Biográficos», p. 172, n. 3). La primera de estas «etapas», la de *Poemas en Prosa,* la representan diecinueve poemas, doce de los cuales están en prosa. De los poemas en verso, tres se habían publicado en vida del poeta («Me estoy riendo» y «He aquí que hoy saludo», en *Favorables,* octubre de 1926; «Lomo de las sagradas escrituras» en *Mundial,* Lima, 18 de noviembre de 1927).

Pero «Altura y pelos», que también se publicó aquel mismo día en *Mundial,* bajo el título de «Actitud de excelencia», no se incluye aquí en *Poemas en Prosa,* sino como poema inicial del segundo tomo, *Poemas Humanos,* que según la directora pertenece a una «etapa» que comienza en octubre de 1931. La directora afirma que la colocación aparentemente incongruente de «Altura y pelos» fue hecha por Vallejo mismo («Apuntes Biográficos», p. 174, n. 9). No explica lo que pueda significar esta extraña declaración. En cuanto a los textos en prosa, son, con algunos cambios, aquellos que aparecen como poemas finales de la edición de 1939. Entre ellos está «Algo se identifica con el que se aleja de ti», que llevaba fecha en 1939, como ya se hizo notar, aunque no en el facsímil.

El tomo titulado *Poemas Humanos* en OPC empieza con «Altura y pelos» y termina con «Ello es que el lugar donde me pongo», de 21 de noviembre de 1937. Los poemas con fecha posterior a 21 de noviembre aparecen en *Poemas Humanos* antes de dicho poema, como al azar, en intervalos aleatorios y sin orden cronológico convincente. Pasa lo mismo con aquellos poemas fechados en 1939 pero cuyos facsímiles no tienen fecha (excepción hecha de «Algo te identifica...», insertado en *Poemas en Prosa*).

En cuanto a los demás poemas fechados, esto es, los fechados en los facsímiles antes del 21 de noviembre de 1937, éstos no están arreglados según un criterio cronológico claro, salvo por un grupo que discutiremos más adelante. Los poemas no fechados, ni en los facsímiles ni en 1939, están esparcidos entre los poemas fechados. El que no estén agrupados resulta sorprendente en vista de esta observación de la directora: «Hubiéramos pensado —a riesgo de repetirnos— que lo más lógico y de sentido crítico era suponer que los poemas no fechados habían sido más bien escritos en años anteriores y no en los tres meses consabidos» («Apuntes Biográficos», p. 173, n. 4).

Como sabemos, la directora no siguió este criterio en OPC. Ejemplo de su manera de colocar los poemas no fechados es «Dulzura por dulzura corazona». Como hace notar Larrea, en la antología de Seghers de la poesía de Vallejo, traducida y anotada por Georgette de Vallejo, y publicada en París en 1967, un año antes de OPC, la fecha atribuida a este poema es «Octubre 1932-hiver 1937». La vaguedad de esta fecha ofrece un contraste bien notable con la supuesta precisión de su colocación en OPC, donde aparece en penúltimo lugar, entre un poema de 20 de noviembre y otro de 21; como recordará el lector, la directora afirma que el de 21 de noviembre fue redactado ese mismo día. El significado de su colocación inmediatamente anterior es seguramente que se nos quiere indicar que «Dulzura con dulzura corazona» también fue escrito aquel mismo día, o el día anterior. Como en otros casos, no se nos ofrece ninguna explicación de este contraste.

Entre los asuntos técnios que estudia Larrea, son muy importantes los que se relacionan con las máquinas de escribir utilizadas en los originales de Vallejo. El lector no tiene ninguna dificultad en reconocer la exactitud de los resultados a que llega Larrea. Las diferencias entre estas siete máquinas son inconfundibles. Trece de los originales de *Poemas en Prosa* están escritos en cuatro máquinas distintas, que numera Larrea como 01, 02, 03 y 3. (Los otros originales de este «libro» están escritos a mano.) La máquina 01 se conoce y se puede situar en el tiempo porque Vallejo la usó para redactar una carta a José Carlos Mariátegui, fechada en diciembre de 1926 y publicada en fotocopia.[8] La 02 es desconocida; pero según Larrea la 03 fue usada por Vallejo en 1928 para una carta al poeta uruguayo Juvenal Ortiz Saralegui. La máquina 3, que aparece en uno solo de los poemas de *Poemas en Prosa,* se utilizó con mucha frecuencia en 1937 (en ocho poemas de EAC y en 34 de los *Poemas Humanos* de OPC, 31 de los cuales están fechados en el otoño de 1937).

Otras tres máquinas aparecen en los *Poemas Humanos* de OPC y en EAC. Una de ellas fue usada únicamente para dos páginas del «Himno a los voluntarios de la república», y no fue numerada. Las numeradas por Larrea son la 1 y la 2. La máquina 1, presente en parte de EAC y en muchos de los *Poemas Humanos* de OPC, parece haberse usado por primera vez hacia 1931, en poemas como «Salutación angélica». Aparece por última vez el 6 de octubre de 1937, en «¿Hablando de la leña, callo el fuego?» A partir del 4 de septiembre de ese año la *m* de esta máquina cae debajo de la línea, hecho útil para comparar la fecha de ciertos poemas. Por fin, la máquina 2 aparece en once poemas que Vallejo fechó entre el 5 de septiembre y el 10 de noviembre de 1937.

Con relación a los *Poemas en Prosa,* los datos de las máquinas ayudan a confirmar lo que ya parecía cierto, a saber, que los textos en prosa, con la posible excepción de uno de ellos, son de la década del veinte y que deben aparecer hacia el comienzo de los poemas póstumos. En este caso queda claro que OPC, que sigue este criterio, es superior a las ediciones anteriores. El único texto en prosa que podría ser problemático es «Algo te identifica con el que se aleja de ti».

Este poema, como vimos, está escrito en la máquina 3, que en los otros casos aparece en poemas de 1937. Pero en OPC el poema, a causa de su colocación con los demás textos en prosa, tiene una fecha implícita de hacia 1924. Esto significaría que o fue redactado en la máquina 3 en esa época o que fue copiada mucho más tarde en dicha máquina. En el primer caso, sería raro que Vallejo hubiera usado la máquina una sola vez hacia 1924 para volver a usarla unos trece años más tarde. En el segundo, parecería extraño, aunque no imposible, que hubiese copiado en esta máquina tan sólo uno de entre todos los textos antiguos, algunos de los cuales aparecen en los facsímiles escritos a mano. En 1939 se le asignó a este poema, no sabemos por qué, la fecha exacta de 24 de noviembre de 1937. En esa edición estaba colocado entre otras prosas, pero estaba a sólo dos páginas de «En suma no poseo para expresar mi vida sino mi muerte», fechado en la fotocopia el 25 de noviembre.

Conviene notar también que «Algo te identifica...» es uno de los dos poemas, entre todos los póstumos que aparecen en OPC cuyos facsímiles no ostentan, por lo menos en una de sus páginas, el sello «PROPIEDAD DE CÉSAR VALLEJO», que la viuda parece haber puesto a los originales cuando le fueron entregados después de la muerte de su marido. El otro original sin sello, el de «Primavera tuberosa», es de un poema que no está incluido en la edición original. Debió aparecer después entre los papeles de Vallejo, lo que explicaría verosímilmente la ausencia de sello. Tal explicación no funciona en el caso de «Algo te identifica...», que sí está en la edición príncipe. Sobre esta cuestión el trabajo de Larrea ofrece unas especulaciones que se relacionan con los papeles usados en los originales de Vallejo.

Como hemos mencionado, Larrea no tenía la posibilidad de examinar directamente los papeles, investigar su procedencia y su época de fabricación o someterlos a análisis químico. No podía hacer más que mirar con cuidado los facsímiles. Es cierto, como dice, que algunos originales llevan otros poemas escritos en el dorso. Por ejemplo, «Los mineros salieron de la mina», y «Pero antes que se acabe» ocupan ambos lados de una sola hoja. Esto nos interesa porque en 1939 los dos poemas van juntos; en cambio, en OPC los separan ocho páginas. Puesto que los dos están sin fechar en los originales, se pregunta el lector a qué se debe este cambio. La respuesta es que si no podemos examinar los papeles del poeta, hay poca esperanza de resolver este y otros enigmas.

Poco se puede sacar en claro, como observa justamente Larrea, del hecho de que todos los originales de EAC y de los *Poemas Humanos* de OPC están redactados en hojas de tamaño uniforme. Más interesante es la desigualdad de los papeles de los *Poemas en Prosa.* Es cierto, como dice Larrea, que ninguna de estas hojas es del tamaño uniforme que acabamos de mencionar, y que sus tamaños variados —algunos son pedacitos muy pequeños— podrían representar distintos momentos de redacción o de copiar, dando la impresión de una historia textual más compleja que la de los textos posteriores. Encuentro más dificultad, en cambio, en darle la razón a Larrea en lo que sostiene sobre la hoja original de «Algo te identifica...».

Según Larrea, un examen de esta hoja hace suponer que, a diferencia de las otras hojas originales de *Poemas en Prosa,* la de este poema habría sido una de las hojas de tamaño uniforme de los poemas escritos en 1937 —recordemos una vez más que aparece escrito en la máquina 3, identificado con ese año— pero que en algún momento posterior a la redacción del poema fue cortada al ras para quitarle la fecha de 24 de noviembre de 1937 que imagina se leía en la hoja. Esto explicaría, dice, el uso de la máquina 3, la fecha de la edición de 1939, la ausencia de fecha en el original y también la falta de sello. Supone Larrea además que la directora quitó el sello al querer quitar la fecha, posterior a la del último de los *Poemas Humanos* de OPC, «Ello es que el lugar donde me pongo», que es uno de los poquísimos textos del poeta que la mencionan a ella. Todo esto es muy coherente, pero sobre la evidencia física del tamaño de la hoja hay que ir poco a poco.

No cabe duda, por su forma poco usual, que la hoja ha sido cortada, pues tiene sólo once centímetros de largo. Pero varios de los originales de los poemas más antiguos están en hojas de tamaño anormal, muy posiblemente por haberse recortado. Y esto pudo deberse a la notoria pobreza del poeta, o a otras circunstancias de una vida desordenada. El que esté recortado no prueba que se haya hecho adrede, y por los motivos que señala Larrea. Además, la hoja tiene 19'25 centímetros de ancho, al paso que el papel uniforme de 1937 lo tenía de 20'5. Cierto, alguien pudo cortarle poco más de un centímetro por un lado, pero no se ve el motivo, que no sería económico en este caso y que tampoco puede achacarse al deseo de quitar la fecha, que seguramente no vendría en el margen. Tampoco sería para quitar el sello, que no cabría en ese espacio.

Ahora bien, es posible que el original de Vallejo haya sido más largo cuando él escribió el poema y que se haya recortado después la parte de abajo, que seguramente habría sido de tamaño suficiente para acomodar la fecha y el sello. De hecho, algunas de las fechas están colocadas muy por debajo de los textos que les corresponden, lo que cuadraría con la teoría de Larrea. Pero los sellos son algo distintos. En todos los casos en que aparece, el sello se halla colocado de tal manera que no se podría recortar sin mutilar el texto del poema. Se ve en la fotocopia que al pie del poema hay un espacio suficiente para el sello. El que no esté el sello allí, pegado al texto según se ve en los otros casos, pesa en contra de esta parte de las ideas de Larrea. En resumidas cuentas, no es imposible que se haya quitado a este poema un sello y una fecha, pero no lo prueban ni la ausencia de sello ni el tamaño y forma de la hoja.

Por otra parte, si la supresión de la fecha se debía al deseo de apoyar la posición final de «Ello es que el lugar donde me pongo» —posición final muy dudosa, por cierto— entonces lo lógico y lo esencial hubiera sido quitar las fechas a todos los poemas posteriores al 21 de noviembre. Pero esto no se hizo.[9]

Pero aunque no aceptemos totalmente la teoría de Larrea sobre este poema, es cierto que el caso de «Algo te identifica...» exhibe elementos insólitos que nos dejan perplejos y deseosos de encontrar documentación más segura y explicaciones más convincentes. Nuestra perplejidad aumenta por momentos cuando nos enfrentamos con los poemas agrupados en OPC como «Humanos».

Este tomo contiene seis de los siete misteriosos poemas fechados en 1939 pero sin fechas en los facsímiles. Aunque estos poemas no llevan fechas en OPC, están fechados de modo implícito por su colocación entre los demás textos, porque la directora mantiene que su edición ofrece una cronología correcta de los poemas. Veamos lo que les pasa a estos poemas en OPC.

«Salutación angélica», que refleja los viajes a la Unión Soviética, tenía en 1939 la indicación cronológica «Vers 1931». En OPC este poema permanece en un lugar parecido, ya que está en octavo lugar en un libro que empieza, según la directora, en octubre de 1931. «Los desgraciados», fechada en 1939 «Fin de noviembre o primera semana de diciembre», se coloca ahora inmediatamente antes de una secuencia de ocho poemas fechados por Vallejo en septiembre de 1937. Ya hemos hablado de la colocación de «Dulzura por dulzura corazona». «Y no me digan nada», «Hacia 1937» en la edición de 1939, viene en OPC en una secuencia de poemas fechados en 1937 que discutiremos más adelante. Otros dos poemas, fechados en 1939 el 9 y el 11 de octubre de 1937, van en OPC más o menos donde esperaríamos encontrarlos de ser válidas estas fechas. Quiere esto decir que en OPC, aunque no se pongan las fechas misteriosas de 1939, en general son respetadas de modo implícito. Pero a pesar de esto, algunas de estas fechas de 1939 están tratadas como más fidedignas que otras, sin que se sepa por qué.

Los *Poemas Humanos* de OPC se inician, como queda dicho, con «Altura y pelos», aunque este primer poema de una supuesta «etapa revolucionaria» que comienza en 1931 fue publicado en 1927 y seguramente pertenece a lo que la directora define como primera etapa. Encontramos a continuación «Yuntas» y «Un hombre está mirando a una mujer», con fechas vallejianas de 9 y 2 de septiembre de 1937. Otro de los siete poemas que preceden a «Salutación angélica» es «¿Hablando de la leña, callo el fuego?» (6 de octubre de 1937). No se nos ofrece ninguna explicación de la ordenación de estos poemas.

Después de «Salutación angélica», poema de fecha convenida, la segunda divisoria de este volumen debe ser «París Octubre 1936», cuya fecha tampoco permite dudas. Ahora bien, entre estos dos poemas de 1931 y 1936 se encuentran en OPC treinta y nueve textos, veintitrés de los cuales están fechados en 1937. En cuanto a los dieciséis restantes, sin fecha, es claro en algunos casos y verosímil en otros que se redactaron después que «París Octubre 1936».

Entre «París Octubre 1936» y el fin de los *Poemas Humanos* de OPC median veintiocho poemas. De éstos, veinticuatro están fechados en el otoño de 1937. Como se ve, esta sección está mucho más cerca de la cronología sugerida por las fechas de Vallejo que las otras dos. Antes de examinar la cronología de esta última sección, notemos, a modo de prólogo y de contraste, el desorden relativo de la colocación de los poemas fechados en las dos primeras secciones: 9 de noviembre, 2 de noviembre, 6 de octubre, 5 de octubre, 2 de noviembre, 28 de noviembre, 23 de septiembre, 7 de septiembre, 3 de noviembre, 6 de noviembre, 8 de diciembre, 28 de octubre, 31 de octubre, 24 de septiembre, 12 de noviembre, 30 de octubre, 29 de octubre. Ordenados estos poemas de la manera que acabamos de citar, las máquinas de escribir usadas en ellos aparecen de manera confusa, como al azar. En cambio, ordenándolos según las fechas de Vallejo, se ve que aparecen grupos de poemas copiados en una sola máquina.

La sección final, mejor ordenada en general, se inicia, eso sí, con resabios de la anarquía anterior de fechas y máquinas: Octubre de 1936, máquina 1; 12 de octubre de 1937, máquina 3; 25 de noviembre de 1937, máquina 3; «Los desgraciados», ya discutido, máquina 3; 12 de septiembre, máquina 2. Pero desde aquí el orden de los poemas empieza a aproximarse al de las fechas de Vallejo y a revelar agrupaciones de poemas escritos en una sola máquina.

La primera secuencia, todos en la máquina 2, va así: 12, 14, 16, 22 y 19 de septiembre. Los demás poemas fechados, con una excepción, corresponden a la máquina 3; durante un buen rato la cronología es más o menos secuencial: 25, 26 y 27 de septiembre; 7 de octubre, seguido de los dos poemas sin fechas que en 1939 la llevaban de 9 y 11 de octubre. A éstos siguen cuatro poemas más en la máquina 3: 21, 21, 22, 22 de octubre. Tras un poema en la máquina 2, de 26 de octubre, volvemos a la máquina 3 para los restantes poemas fechados: 5, 6, 8, 19, 20 y 21 de noviembre.

Quedan dos textos sin fechar, los dos escritos en la máquina 1, que dejó de usarse para poemas fechados el 6 de octubre. (Conviene recordar aquí que esta máquina se usó para muchos poemas de antes de la guerra civil.) El primero de estos textos sin fecha, «Y no me digan nada», llevaba en 1939 la indicación «Hacia 1937». Se nota en la fotocopia del original que tenía en un tiempo un título, rayado más tarde, que empieza con minúscula («grandeza de los trabajos vulgares»). Como hace notar Larrea, hay en total, entre los facsímiles, cinco poemas cuyos títulos, escritos todos en la máquina 1, empiezan con minúscula. Los otros cuatro, «Altura y pelos», «Sombrero, abrigo y guantes», «Salutación angélica» y «Epístola a los transeúntes», figuran entre los textos más antiguos de los poemas póstumos, algunos fechados precisamente hacia 1931. En 1931, como nos recuerda oportunamente Larrea, se publicó en Madrid la segunda edición de *Trilce,* cuyo título empezaba con minúscula, así, *trilce.* Le parece probable a Larrea que los cinco poemas cuyos títulos empiezan en los facsímiles con minúscula se hayan redactado o copiado en aquel momento de hacia 1931, conjetura no del todo desdeñable. Pero en OPC, no sabemos por qué, «Y no me digan nada» aparece entre dos poemas fechados el 12 de octubre y el 25 de noviembre de 1937. El otro texto sin fechar, ya discutido, es «Dulzura por dulzura corazona».

Como sabemos, este relativo orden cronológico termina con el 21 de noviembre. Los poemas de fecha posterior está relegados a secciones muy anteriores. Aquella parte de los *Poemas Humanos* de OPC que muestra un orden cronológico parcial, con sus relacionadas agrupaciones de poemas escritos en una sola máquina, tiene el efecto, por lo menos para este lector, de llamar la atención sobre el caos cronológico no documentado y sin explicación de antes y de después. A pesar de que es mejor que las ediciones anteriores en algunos puntos, el efecto de la ordenación de los poemas en OPC es el de suplir un tipo de desorden con otro igualmente extenso, y, al parecer, igualmente caprichoso.

¿Qué se puede hacer en estas circunstancias tan poco satisfactorias? Me parece evidente que si no aparecen, accesibles a todos los estudiosos, nuevos datos y documentos fidedignos, entonces el orden de poemas, la división en dos tomos y la información biográfica y bibliográfica de OPC y de los «Apuntes Biográficos...» no pueden aceptarse como genuinos y no pueden utilizarse como base para el estudio de los poemas póstumos. La afirmación de la directora de que las fechas de Vallejo no son de fiar no se puede sostener en vista de la notoria preocupación del poeta por las fechas, los días de la semana, los meses y los años, incorporados tantas veces como partes esenciales de sus obras y de sus títulos. Si la directora ha declarado en una entrevista publicada en el Perú que no tenía noticias de la existencia de la casi totalidad de los poemas póstumos hasta después de la muerte de su marido, cualquier conocimiento privilegiado que tenga de estos asuntos tiene su origen, a la fuerza, en documentos inéditos encontrados, si se encontraron, entre los papeles de Vallejo.[10] Hasta la fecha ninguno ha sido revelado, citado, publicado, reproducido ni estudiado.

Es más, las fechas que pone Vallejo son las de la redacción del texto en su forma no revisada. Cuando cambia el poema agregándole numerosos versos con lápiz, deja la fecha original. Tachó una sola fecha, 3 de noviembre, la de la versión primitiva de «Los nueve monstruos», seguramente porque agregó con lápiz cuarenta y dos versos, alargando y acaso transformando un poema que había sido mucho más corto que la parte añadida. Pero aun en este caso se limitó a tachar la fecha; no agregó otra nueva. De querer cambiarle la fecha a este poema, huelga decir que habría que poner una fecha posterior a la de 3 de noviembre. Sería inadmisible asignarle una fecha anterior; sin embargo, esto es precisamente lo que ha hecho la directora gracias a la colocación que le ha dado al poema en su OPC.

Antidatar los textos del otoño de 1937 es tanto más absurdo cuanto que varios facsímiles ofrecen la prueba de que muchas de las revisiones hechas con lápiz en los poemas póstumos se llevaron a cabo en 1938. Este hecho se ve de manera muy clara en EAC, como ha demostrado Larrea sin posibilidad de duda al cotejar ciertas revisiones con los sucesos históricos de la guerra civil de la primera mitad de 1938.

Pero el mismo proceso es evidente en los *Poemas Humanos* de OPC. «El alma que sufrió de ser su cuerpo» lleva la fecha de 8 de noviembre de 1937. En el texto se leía, en la versión inicial, «Amigo mío, estás completamente / hasta el pelo, en el año treinta y siete». En el facsímil el *siete* está tachado, y aparece escrito con lápiz el *ocho* del texto impreso. No tenemos datos que justifiquen que se le dé a ningún poema fechado por Vallejo una fecha anterior. Todos los datos conocidos indicarían que, puestos a cambiar algunas fechas, habría que pensar siempre en fechas posteriores. Es seguro, por ejemplo, que las fechas terminales de 1937 que asigna la directora a sus *Poemas Humanos* y a EAC necesitan cambiarse, de buenas a primeras, a 1938.

Otros datos conocidos pesan en contra de la exactitud de OPC. El título *Poemas en Prosa* es muy extraño para una serie de diecinueve textos de los que seis están en verso. Parece inverosímil que lo hubiera escogido el hombre que inventó los títulos *Los Heraldos Negros* y *Trilce,* tan inverosímil como el mismo *Poemas Humanos,* título que, como ahora confiesa la directora, era un nombre «que Vallejo hubiera descartado» («Apuntes Biográficos», p. 182, n. 16). Nunca se había mencionado el título *Poemas en Prosa,* que no aparece en las listas de obras inéditas publicadas en 1938 y 1939.[11] Hasta es posible, como veremos, que la frase «poemas en prosa» se haya inspirado en un artículo de Larrea, publicado en 1967.

Rechazar a OPC como edición adecuada y como fuente fidedigna de información sobre Vallejo y su obra, no nos obliga, claro está, a aceptar, en todos sus detalles y como única alternativa, la propuesta de Larrea. En cuanto a la cronología, por ejemplo, los poemas llamados *Poemas Humanos* en 1939 seguirán creando dudas y problemas en algunos casos, hasta entre los que están de acuerdo en cuanto a la falta de seriedad de OPC.

Pero a pesar de dichas dificultades, creo que todos podríamos ponernos de acuerdo sobre ciertas condiciones mínimas que formarían una base de estudio para una futura edición universalmente respetada de los *Poemas Humanos* de 1939. Los poemas fechados por Vallejo deben aparecer en último lugar, y en orden cronológico según las fechas. Los poemas nunca fechados, ni en 1939 ni en los facsímiles deben ir juntos antes de los fechados, ordenados según la cronología más plausible que cabe, utilizando como fundamento la labor de Larrea, la de OPC en algunos casos, y la de otros investigadores.

Aquellos poemas misteriosos, fechados en 1939 pero no en los facsímiles, acaso no podrán ordenarse nunca de manera convincente a no ser que un estudio directo e imparcial de los originales y de otros papeles revele algún día detalles que resuelvan nuestros problemas. Mientras tanto, no se puede hacer más que colocarlos como mejor podamos con los pocos datos accesibles, que es lo que hizo Larrea, dicho sea de paso.

Otro tema que necesita discutirse es la división en dos tomos de los *Poemas Humanos* de 1939, decisión tomada en común por OPC y por Larrea. También necesitamos ponernos de acuerdo sobre los títulos, o el título, si se mantienen los poemas en un solo tomo. Porque hasta si se rechaza la división en dos tomos, el problema sigue existiendo. El título *Poemas Humanos* tiene una sola virtud, aunque no desdeñable, la de la familiaridad. Pero la inventora del título, Georgette de Vallejo, admitió por fin que no era un título vallejiano, y es obvio que no refleja ni el estilo ni la mentalidad de César Vallejo. Lo que es, en fin de cuentas, un inconveniente muy grave.

Poemas póstumos es un título que no se puede usar para los *Poemas Humanos,* porque se ha utilizado para indicar la totalidad de estos poemas, incluyendo a EAC. Aun así, no es enteramente exacto, porque algunos de los textos se publicaron en vida del poeta.

Pero la idea de los dos tomos no se puede rechazar sin estudiarla. Existen datos que podrían indicar que el poeta había intentado, poco antes de la guerra civil, reunir un libro de poemas para publicarlo en España. En 1967 Juan Larrea publicó un artículo en el que cita dos cartas que le escribió Vallejo sobre esa posibilidad en 1935 y 1936. En ellas habla Vallejo de sus tentativas de interesar a José Bergamín en el proyecto. En el mismo artículo Larrea recuerda una conversación en la que, si no le fallaba la memoria, Vallejo le había dicho que el poemario se llamaría *Nómina de huesos.* En su artículo Larrea procura reconstruir el posible contenido del poemario, llegando a la conclusión muy tentativa de que el tomito proyectado incluiría los poemas sin fechar de principios del treinta «más los pocos ya publicados y *algunas prosas poéticas*».[12] No es imposible que este artículo, con su referencia a las «prosas poéticas», haya inspirado la aparición en OPC, un año más tarde, de un nuevo y desconocido libro titulado *Poemas en Prosa.*

Si Vallejo verdaderamente proyectaba publicar un poemario que incluyese los poemas escritos entre *Trilce* y el estallido de la guerra civil española, entonces tiene cierta justificación la tentativa de reconstruir su contenido y darle un título, o, si no le falla la memoria a Larrea, recordar y utilizar el que dice que tenía, *Nómina de huesos,* que por cierto suena al Vallejo más Vallejo. Me parece que un lector atento preferiría el contenido del primer tomo de Larrea (*Nómina de huesos,* con o sin el título) al de los *Poemas en Prosa* de la directora, por lo menos como punto de partida. Pero el hecho es que este proyecto de Vallejo, si existió, no se llegó a realizar. Sin nueva información, toda realización posterior de dicho proyecto, como los dos que ya existen, se ejecutará con una fuerte dosis de elementos especulativos.

El segundo tomo de la reconstrucción de Larrea, *Sermón de la barbarie,* empieza con «París Octubre 1936». Selección acertada y muy lógica, este poema divide los textos entre los que parecen haberse escrito antes de la guerra española y los de después. Esta división es muy preferible a la que se anuncia (y que luego no se sigue) en OPC. Pero porque los datos con los que contamos son tan pocos, muchas de las decisiones sobre contenido y cronología han tenido que basarse en elementos de conjetura, por mucho que la conjetura sea, si vale la expresión, razonable. El tomo se cierra de modo persuasivo con el último texto fechado por el poeta, «Sermón sobre la muerte», fuente del título del libro en el verso, «Sermón de la barbarie: estos papeles». Dicho título es felicísimo, pero seguimos en el reino de la conjetura, por creadora y «razonable» que sea.

Tal es el caos que se ha creado gracias a la manera en que se ha tratado a los textos de los poemas póstumos de Vallejo desde que se le entregaron en 1938 a la directora de OPC, que hoy no entrevemos ninguna solución completamente adecuada a los problemas que acabamos de resumir. Es posible, a pesar de todo, que con todas sus graves faltas llegue OPC a ser el canon establecido. En cambio, existiendo ya en letras de molde dos ediciones hechas a base de la propuesta de Larrea, hay cierta probabilidad de que por su clara superioridad a OPC, así como a la tradición textual que arranca de la edición original de 1939, se haga dueño del campo el sistema del autor de *Versión celeste*. Tampoco podemos negar la posibilidad de que, pese a sus grandes deficiencias, triunfe a la larga la tradición de 1939, hoy en día la más conocida entre el público lector.

Pero existe otra posibilidad. Si no aparece una nueva documentación esclarecedora y fidedigna, puede resultar una especie de empate entre las tres versiones mencionadas. En ese caso veríamos en pleno siglo veinte, y acaso en el siglo veintiuno, una situación verdaderamente medieval, digna de la imaginación de un Borges, pero harto nociva para los estudios vallejianos, la de un poeta actual con dos o tres tradiciones textuales, o quizá más. Si se ha de evitar tal posibilidad, se impone un diálogo productivo entre los amigos de Vallejo de todas las tendencias. No habrá nada más dañoso que una prolongación del silencio que hasta ahora ha prevalecido.

NOTAS

[1] CÉSAR VALLEJO: *Obras poéticas completas,* edición preparada bajo la dirección de Georgette de Vallejo (Lima, Francisco Moncloa, Editores, 1968); citada de aquí en adelante como OPC. En este capítulo el libro de Vallejo *España, aparta de mí este cáliz,* de la edición que sea, se citará siempre como EAC.

[2] *Visión del Perú,* núm. 4, Lima, julio de 1969; *Revista Iberoamericana,* número 71, abril-junio de 1971. Cuando digo que en *Visión del Perú* no se discute la nueva edición no me refiero a los «Apuntes Biográficos sobre *Poemas en Prosa* y *Poemas Humanos*», de Georgette de Vallejo, pp. 169-188. Estas notas, reproducidas de OPC, sí discuten la edición, a su manera; pero forman parte de ella. Me refiero a la ausencia de estudios independientes.

[3] Por ejemplo, EDUARDO NEALE-SILVA: *César Vallejo, la fase trílcica* (Madison, University of Wisconsin Press, 1975); JEAN FRANCO: *César Vallejo, the Dialectics of Poetry and Silence* (Cambridge University Press, 1976).

[4] AV, 11-12-13, 1974, pp. 55-172.

[5] CÉSAR VALLEJO: *Poesía completa,* edición crítica y exegética al cuidado de Juan Larrea con la asistencia de Felipe Daniel Obarrio (Barcelona, Barral Editores, 1978).

[6] CÉSAR VALLEJO: *The Complete Posthumous Poetry,* trans. Clayton Eshleman and José Rubia Barcia (University of California Press, 1978). Edición premiada en la categoría traducciones por la National Book Award de Estados Unidos.

[7] GEORGETTE DE VALLEJO: «Apuntes Biográficos sobre *Poemas en Prosa* y *Poemas Humanos*», *Visión del Perú,* núm. 4, julio de 1969, p. 169. La extraña declaración de que a Vallejo no le interesaba la cronología de sus poesías se encuentra en la p. 172, núm. 3. De aquí en adelante citamos este documento como «Apuntes biográficos...».

[8] AV, 1, 1961, p. 111.

[9] Tampoco acierto a ver, con Larrea, que el original de «Traspié entre dos estrellas», fechado en 1939 pero no en la fotocopia, se haya «cortado al ras». Si no me equivoco, el tamaño de la hoja en la fotocopia es igual al de las de los otros originales de los *Poemas Humanos* de OPC.

[10] Larrea dice en su estudio que directora fue citada así en la entrevista «César

Vallejo según Georgette», *Carretas,* Lima, núm. 9, 1951. No he podido ver este número.

[11] Ver las listas en el ensayo de Larrea, pp. 81-82, núm. 10.

[12] JUAN LARREA: «Sobre un poemario fantasma de Vallejo», AV, 5-6-7, 1967, pp. 406-408. En este caso Larrea publicó fotocopias de estas cartas, como solía hacer. Pero dados mis conocimientos de lo exacto y completo de sus ficheros, que ahora han pasado al poder de su albacea literaria, Felipe Daniel Obarrio, de Buenos Aires, estoy convencido de que existen las cartas en la forma citada.

CAPÍTULO X

ILEGIBLE, HIJO DE FLAUTA: GUION CINEMATOGRAFICO DE JUAN LARREA Y LUIS BUÑUEL*

En 1980 se publicó en dos números sucesivos de la revista *Vuelta* un extraordinario documento artístico, fruto de la colaboración entre dos figuras prominentes del llamado surealismo hispánico, Juan Larrea y Luis Buñuel. Titulada *Ilegible, hijo de flauta,* la obra es un guión cinematográfico, o más bien un proyecto o resumen de guión, ya que en algunos casos los diálogos y las escenas se indican en forma resumida o esquemática.[1] *Ilegible* representa un intento de crear un filme poético de índole semisurrealista en el que las imágenes, que se suceden vertiginosamente, se dirigen al inconsciente del espectador, quien se encuentra ante una representación totalmente fuera de lo común.

Se trata del viaje del protagonista, Ilegible, acompañado de dos compañeros, Avendaño y Carrillo Izquierdo, desde la ciudad de Villalobos a través del mar en busca de una isla flotante que pudiera ser el lugar apropiado para una nueva realidad de nivel superior a la de nuestros días. A través de una serie de peripecias y catástrofes —trenes despeñados, naufragios, metamorfosis,

* Dedico este capítulo al profesor José Rubia Barcia, con motivo de su jubilación, tan bien merecida como poco oportuna.

etcétera— Ilegible y Avendaño llegan por fin a un mundo en el que tiempo, espacio y psique se encuentran transformados; Columbia, Nuevo Mundo y lugar del ser alado, señoreado por la imaginación creadora.

La densidad de los episodios es tal, dado el carácter de resumen que tiene nuestro texto, que es imposible comunicar a un lector que no lo conozca directamente una idea completa de la trama ni de las complicaciones de contextura simbólica que contiene. Algunos ejemplos tendrán que bastar para sugerir la naturaleza de la experiencia artística que nos propone el texto.

Ilegible inicia su viaje y su metamorfosis un día en que todos los policías de la ciudad de Villalobos se suicidan, cada uno por sus razones particulares. Deja a su mujer, abandona su casa y se encuentra con una hermosa joven que tiene un vago parecido con la Estatua de la Libertad. Con ella se siente capaz de ir al fin del mundo; pero el tiempo ya no funciona de manera normal, y en pocos momentos la joven envejece, convirtiéndose en una figura maternal que se muere y cuyo cadáver desaparece. Ilegible se aleja y ella, rejuvenecida, camina en pos de él como un fantasma. En el tren que toma Ilegible se encuentra con Avendaño, también prendado de la misma joven, a quien vio en una tienda y quien está esperándolo, según vislumbra él, en algún lugar remoto. El tren se despeña en una barranca, pero Ilegible y Avendaño salen ilesos entre los restos humeantes de los vagones y los miembros destrozados y separados de los demás pasajeros. Avendaño se tiende y parece perder el conocimiento. Ilegible acerca el oído al corazón de Avendaño y oye en el ritmo del alfabeto Morse un mensaje que termina: *«Pronto, pronto... Si no, llegarás tarde a la creación del mundo...»* En seguida los dos compañeros se encuentran con Carrillo, extraño personaje que acaba de formarse allí mismo con los miembros de varios pasajeros muertos. Este les invita a acompañarle en su velero, el *Favorables,* para salir en busca de una isla flotante y dotada de vida propia que pudiera ser el lugar adecuado para la solución de los principales problemas de la vida. Aceptan la oferta, y el grupo sale del puerto de Finisterre. Después de muchos días de viaje se ve en el agua del cuerpo flotante de una mujer desnuda, que suben al barco. Es la misma que pareció morir en brazos de Ilegible. Hay galerna, y todo se viene abajo. Después del naufragio, se encuentran en una tierra nueva, que pudiera ser la isla, y en la cual, tras un sinúmero de incidentes variadísimos, Ilegible y Avendaño, montados en un rocín y en un asno, llegan a Columbia, tierra de la imaginación creadora.

El guión publicado en *Vuelta* se basa en su argumento y en su contextura simbólica en un relato poético escrito por Larrea en París en 1927 y 1928 y luego perdido en Vallecas durante la Guerra de España. A petición de unos amigos comunes de Larrea y Buñuel, quienes se encontraban en la ciudad de México como refugiados, Larrea volvió a construir una nueva versión de *Ilegible* en México en 1947, con la idea de que pudiera servir para hacer una película. Buñuel aceptó la idea con entusiasmo y ayudó a formular un proyecto de guión, que circuló entre los amigos de Larrea y Buñuel en copias escritas a máquina. En 1948 se le agregó una *Introducción* para explicar el proyecto a posibles lectores profesionales de los medios del cine, y se tradujo parte del resumen al inglés. Pero en ese momento el proyecto no cuajó, y no se habló más del asunto antes de 1957, año en que Buñuel volvió a interesarse de modo activo en *Ilegible.* A petición suya Larrea, con la ayuda de su hija Lucianne, amplió la versión de 1947, agregándole varias escenas. El texto publicado en *Vuelta* representa, según Larrea, la versión de 1957.[2]

La versión de 1927-1928 de *Ilegible* era según su autor un relato en prosa «onírica» que quedó inconcluso porque Larrea no supo continuarlo en aquel entonces. El estilo del texto perdido debió ser muy distinto del de la prosa neutral y como de informe anual del proyecto cinematográfico posterior. Lo más probable es que se haya parecido al de los poemas en prosa y verso del libro *Oscuro dominio,* también escrito en París hacia 1927-28.[3] Lo cierto es que *Ilegible,* en sus temas y en muchas de sus imágenes básicas, se asemeja notablemente a *Oscuro dominio*. Coincide en los grandes temas (muerte del yo tradicional de Occidente, transformación de la conciencia individual y colectiva, llegada a un Nuevo Mundo de vida y conciencia de nivel superior) así como en muchos detalles y episodios.

En *Oscuro dominio* el tema de la muerte del yo está presente o subyacente en todos los textos; se menciona con relación específica al suicidio en «Atienza», en «Diente por diente» y en «Dulce vecino». Es más, el desmoronamiento de las viejas estructuras mentales se expresa en «Diente por diente, IV» con una imagen que parece sacada directamente de *Ilegible:* «Lo que ha sido ya no es, las grandes creencias se despeñan como policías suicidados».[4] El viaje a las antípodas en busca de un nuevo mundo de conciencia superior es otra de las metáforas centrales de *Oscuro dominio.* En «Cavidad verbal» la muerte del yo se anuncia en forma de partida: «Yo va a separarse, yo va a partir, es preciso partir» (p. 138). «Atienza» nos evoca un pueblo castellano emigrado a América en busca de nuevo mundo; en el poema en prosa dedicado a este pueblo ausente de Castilla se habla de un «vuelo urdido en el corazón de otro mundo» (p. 123). Este pueblo emigrado se parece al «espacio aventurero» que en «Diente por diente, IV» «empieza a brotar por entre las junturas de los dos hemisferios» y a cuya luz «todo lo evidente se desploma y salda su sentido...» (p, 131). Ambas imágenes se relacionan de manera bastante obvia con la isla flotante que buscan los aventureros de *Ilegible.* Estos detalles, y otros varios que se podrían citar de haber sitio, permiten establecer sin dudas el parentesco entre *Ilegible* y *Oscuro dominio,* ayudando por lo tanto a situar a *Ilegible* entre los textos centrales de la obra de creación de Juan Larrea.

La versión publicada de *Ilegible* se diferencia de tres maneras de la de 1947-1948, la que circuló en los medios del cine y entre los amigos de los autores: 1) por una serie de pequeños cambios de lenguaje cuyo estudio no nos interesa aquí; 2) por la agregación a la versión final de una serie de escenas que ocupan varias páginas y que trataremos más adelante; 3) por la existencia al principio del texto inédito de una interesante *Introducción* que no se publicó en *Vuelta.*

La *Introducción* no se dirige al público sino a los especialistas del cine que pudieran interesarse en la producción de la película. Está redactado en lenguaje sencillo como para convencer a gente de mentalidad no muy poética, a sostener que existe en su juicio un público adecuado para tal clase de producciones, y a exponer el significado y alcance de los principales símbolos usados en el guión.

La obra de arte, según los autores, debe reflejar las inquietudes y esperanzas de la humanidad actual, que anhela huir, siquiera en la imaginación, de la realidad que le rodea en busca de otra mejor. Nada mejor para alcanzar este fin que el film poético, «instrumento maravilloso para la expresión de la poesía y de los sueños —del subconsciente...» (p. 1). *Ilegible* pretende ser «un sueño de carácter poético que se desarrolla más allá de la conciencia social, para poner en movimiento las profundidades de la psique» (p. 2). La obra, que se propone dirigirse al inconsciente en su lenguaje, propio, es «un conglomerado de símbolos... naturales... articulados según las necesidades naturales de nuestra mente». Estos símbolos, como verdaderos, son polisémicos y actúan de manera velada e indirecta:

> Sin embargo, fuera un error presentar estos símbolos al desnudo. Como la carne cubre y disimula el esqueleto, así en este film lo aparencial cubre el símbolo que el espectador debe sentir más que descubrir. De no ser así todo el efecto estético de la obra quedaría desbaratado, convirtiéndose más en una obra filosófica que en una obra artística, es decir, se dirigiría más a la inteligencia que a la imaginación (p. 3).

Sin embargo, los autores, después de esta salvedad, tratan de simplificar el complicado sentido de sus símbolos para que cualquier jefe de la industria cinematográfica, hasta el legendario Samuel Goldwyn con su fama de iletrado, pueda seguir la idea. El resultado es que se nos proporciona, sin lugar a dudas, un concepto inequívoco del núcleo semántico de los principales símbolos del guión.

En esta nueva sección de la *Introdrucción,* titulada «Algunos símbolos del film *Ilegible*», se nos explica que la trayectoria del film lleva a los protagonistas de una situación inicial de Viejo Mundo, así en el tiempo y en el espacio como en la psique, a otra situación final de Nuevo Mundo, con cambio en la naturaleza del tiempo, del espacio y de la psique. Con el suicidio de todos los policías de la ciudad de Villalobos se levanta la censura psíquica que impedía la liberación creadora. Este hecho le indica al protagonista, Leandro Villalobos, que ha llegado el momento apetecido desde hace tiempo de liberarse del yo viejo, que es la cadena que nos tiene presos: de aquí que en el guión cuando un personaje pronuncia la palabra «yo» se oiga un ruido de cadenas o de cristalería que se rompiese. Villalobos abandona el nombre que había llevado hasta la fecha, nombre que como el de la ciudad en que vive se caracteriza por el engaño: por esto, en el guión, la mujer le engaña en su casa de la calle del Desengaño, 27. Vuelve a su verdadero nombre, Ilegible, hijo de flauta, que se refiere al hecho de que no tiene padre y así carece de verdadera identidad, habiendo sido inclusero que tenía que aguantar las injurias de sus compañeros, quienes le llamaban «hijo de flauta».[5]

Desde este momento todo cambia, empezando por la marcha del tiempo. Ilegible abandona su casa y parte en busca de no sabe qué vida nueva, encontrándose de pronto con una hermosa joven que se parece un poco a la Estatua de la Libertad y que pudiera ser su esposa ideal pero que en pocos momentos envejece, convirtiéndose en una madre que según la *Introducción* representa «la libertad futura que lleva consigo la promesa de un nuevo día, de una nueva luz, de una nueva conciencia...». Se inicia el viaje al Nuevo Mundo con un tremendo accidente de tren porque «las catástrofes (trenes y barcos) se suceden para pasar de un mundo a otro». Después del primer gran accidente se oye hablar al corazón de Avendaño porque de esta manera, hablando el corazón, «se escucha el lenguaje del amor que promete la creación de su mundo».

En la segunda etapa del viaje se parte del Finisterre, «del fin de la tierra, en busca de una realidad distinta (mujer flotante, Venus, Libertad, Madre Tierra)...». Carrillo, dueño del velero, formado de los restos de varios pasajeros muertos, representa «el hombre tecnológico —personalidad de transición de un mundo a otro, formado con restos de catástrofes...». (Su velero se llama el *Favorables* en la versión final, agreguemos en este momento, aunque no lo mencione, claro está, la *Introducción* de 1948, como recuerdo de otro vehículo del viaje espiritual de la vida de Juan Larrea, o sea, la revista *Favorables París Poema,* que publicó en

París en 1926 con César Vallejo y a la que siempre se refería en la conversación con el nombre abreviado de *Favorables.*)[6]

Carrillo no llega a la meta de Columbia, lugar del espíritu, porque en cierto momento se desvía del camino que seguirán Ilegible y Avendaño, tentado por la visión de una playa multitudinaria representada en el guión por un «stock shot de Coney Island». Según la *Introducción,* esta desviación se produce porque la visión de la playa representa para Carrillo, hombre de transición, como vimos, a la Libertad, al paso que para Ilegible y Avendaño, el mismo campo visual les parece un desierto como los del sudoeste de Estados Unidos. Ellos dos están enamorados de la joven misteriosa, de la cual dice Carrillo cuando la suben a bordo del *Favorables,* en el estilo brutal que le caracteriza: «Te apuesto un huevo duro, o si quieres los dos que no es América».[7] Lo que equivale a decir que no es la esperanza, que no es la libertad, hablando en lenguaje larreano. Por esto dice la *Introducción* que se establece en *Ilegible* una distinción entre dos conceptos de la libertad, «el concepto actual de la libertad, limitado y anticuadamente vestido, y el concepto de Libertad, radiante y desnuda, propio del Nuevo Mundo. De aquí que Carrillo, personalidad de transición de un mundo a otro..., se identifique con el primer concepto de la libertad mientras que el protagonista y su compañero vayan en busca de otra libertad más profunda, la Libertad cantada por Walt Whitman en su poema SPAIN. En ese y otros poemas utilizaba el nombre COLUMBIA para designar a América».

También se explica en la *Introducción* la extraña escena en que salen de una caja los principales personajes de *La vida es sueño,* quienes desfilan por la playa desconocida en la que han naufragado Ilegible y sus compañeros, mientras se oye recitar en una voz que resuena a cripta el estribillo del soliloquio de Segismundo: «Y teniendo yo más alma / ¿tengo menos libertad?» La mención de la libertad se conecta, dicen los autores, con las dos libertades antes aludidas; pero la aparición de los personajes de Calderón nos sugiere también el tema de cierto despertar metafórico, aunque el despertar de *Ilegible,* de índole claramente postcristiano, no sea precisamente, por lo menos en términos literales, el que inquieta a Segismundo:

> Como el fin del film, parecidamente al de nuestra cultura occidental, es lo que Rimbaud apetecía en su carta del vidente, «despertarnos en la plenitud del gran ensueño», es lógico que, una vez mezclados todos los tiempos y mediante un «gag» de naturaleza onírica, la acción del film se conecte con «La vida es sueño», anunciando así un determinado despertar.

La lectura de la *Introducción,* con su afán de simplificar la contextura simbólica de la obra, no prepara al lector para el conocimiento directo de la obra, con sus complicaciones y sus intricadas sorpresas y cambios, elementos estos últimos que hacen acto de presencia en ambas versiones pero más ampliamente en la versión final, gracias a los episodios añadidos en 1957.

Los nuevos episodios se agrupan en dos partes distintas del argumento. Los primeros empiezan cuando los aventureros se acercan al puerto donde se encuentra el velero de Carrillo; ocupan, ampliándolos de modo considerable, los preparativos de viaje y el viaje mismo, hasta el momento en que se divisa a la mujer flotante. Se añaden aquí el encuentro con el personaje de tipo folklórico que arrea un cerdo que crece por momentos, la riña de los gitanos que luego maldicen a Carrillo, el decepcionante encuentro con el sumergible que anuncia «Coca-Cola bien fría», la evocación por parte de los tripulantes del *Favorables* de Napoleón para que les ayude contra la tiranía de Carrillo, resultando que sale del otro mundo un Napoleón diminuto de tres pulgadas de altura que resulta inútil, y la ampliación de la descripción de la vida de abordo, con el tirano Carrillo tocado de una enorme gorra de contralmirante «o de generalísimo».[8]

El segundo grupo de episodios añadidos comienza después del naufragio, ampliando y cambiando de manera decisiva las aventuras que llevarán a Ilegible y a Avendaño a Columbia. Aquí figuran entre los materiales nuevos el encuentro con el león que se parece a León Felipe, el hallazgo del cofre lleno de dentaduras postizas y de monóculos y la visita que hacen Ilegible y Avendaño a un espectáculo multitudinario de los Testigos de Jeovah.[9]

Ilegible, hijo de flauta, en la forma en que se publicó en *Vuelta,* es un documento histórico y artístico de indudable valor e interés. Representa un capítulo imprescindible para el estudio de Juan Larrea y una interesante nota al pie de la página en la carrera de Luis Buñuel. En su forma actual resulta difícil de juzgar si se le mira en un plano exclusivamente artístico, porque no es ni una obra literaria propiamente dicha ni un verdadero guión de cine. Para ser una obra literaria le falta el lenguaje poético apropiado a las imágenes encadenadas que nos ofrece. Su carácter de resumen le impide ser, en muchas secciones, un guión completo y utilizable sin más para empezar una película. Y aunque fuera un guión completo, todos estamos de acuerdo, seguramente, en que un guión sin película no tiene verdadera vigencia como cosa en sí. Lástima que no se haya podido hacer la tentativa, sobre todo en vida de Juan Larrea. Sin embargo, la lectura del texto de *Vuelta* es una experiencia de gran interés, y su publicación un gran acierto que pone a disposición del público un documento de indudable valor para la historia cultural de nuestros días.

NOTAS

[1] Publicado en *Vuelta,* febrero y marzo de 1980, pp. 4-13 y 18-23.

[2] La historia de nuestro texto se presenta de manera detallada en JUAN LARREA: «Ilegible, hijo de flauta: complementos circunstanciales», *Vuelta,* marzo de 1980, pp. 24-25.

[3] *Oscuro dominio,* México, Alcancía, 1934; recogido en *Versión celeste;* ver también Bary, 1976, pp. 68-69, 132-133, 148, 152-153; le agradezco al profesor C. B. Morris que me haya facilitado el texto de la versión de 1947-1948 en la copia que existe entre los papeles de Emilio Prados en la Biblioteca del Congreso, Wáshington.

[4] *Versión celeste,* p. 131. De aquí en adelante las citas de *Oscuro dominio* vendrán con el texto.

[5] Es posible ver en el nombre Ilegible, con las circunstancias que le son propias, el reflejo de la historia de un pariente de Larrea, el cual, según la leyenda familiar, habría cambiado de vida de manera abrupta al creer descubrir a los veinte años que era ilegítimo.

[6] *Favorables París Poema* se publicó dos veces, en junio y octubre de 1926. En la versión de 1947 el velero de Carrillo se llamaba el *Insaciable.*

[7] *Vuelta,* febrero de 1980, p. 13.

[8] *Vuelta,* febrero de 1980, pp. 10-13.

[9] *Vuelta,* marzo de 1980, pp. 19-23.

INDICE ONOMASTICO

Se terminó de imprimir
en Artes Gráficas Soler, S. A.,
de la ciudad de Valencia,
el día 9 de julio de 1984
con ocasión de las
Primeras Jornadas Internacionales
Juan Larrea (1895-1980)